메이드 인 마미

패턴부터 남다른
우리 아이 옷 만들기

가타가이 유키 지음 | 송혜진 옮김

한스미디어

프롤로그

다양한 옷이 나오는 시대지만 특별한 마음을 담아 만드는 옷이 있습니다.

매일 등교할 때 입히고 싶은 옷,
소중한 기념일에 입히고 싶은 옷,
집에서 뒹굴뒹굴 시간을 보낼 때 입히고 싶은 옷,
어떤 옷이든 모두 아이를 생각해 만드는 옷입니다.

하지만 대부분은 시작하기도 전에,
눈에 보이는 어려움에 부딪혀 포기할 때가 많습니다.

'만들어보고 싶은데 과연 제대로 할 수 있을까?'
'바느질은 옛날 가정 수업 이후로 처음인데…'
'옷을 만든다니 너무 어렵지 않을까?'

이 책에서는 초보자 분들의 그런 마음을 헤아려,
누구나 쉽게 만들 수 있도록
옷 만들기의 기초를 가득 담아 소개하고 있습니다.

남자아이에게도 여자아이에게도
오래 사랑받을 만한 멋진 디자인.
마음에 드는 옷 중에 엄마가 직접 만든 옷이 늘어날 수 있기를.

엄마가 만들어준 옷이 제일 좋아!
웃으며 이런 말을 들려주는 아이의 모습을 상상하면서 손을 움직여보는 건 어떨까요?
분명히 여러분에게도 아이에게도, 멋진 추억이 될 거예요.

가타가이 유키

CONTENTS

스커트

B P.20/24 ★

C P.26/28 ★★

D P.27/30 ★★★

팬츠

A P.20/22 ★

E-1 P.32/34 ★★

E-2 P.39/40 ★★★

F-1 P.33/37 ★★

F-2 P.38/118 ★★

스목, 캐미솔 & 원피스

G-1 P.44/46 ★

G-2 P.45/120 ★★

G-3 P.50/51 ★★

H-1 P.52/54 ★★

H-2 P.53/121 ★★★

머리띠 P.52/129 ★

I-1 P.58/65 ★★★

I-2 P.59/60 ★★★

리본 백 P.59/128 ★

※ 작품의 난이도를 ★의 수로 표기하고 있습니다. 초보자 분들은 ★ 한 개짜리 작품부터 도전해보세요.
※ 이 책에 수록된 작품을 무단으로 복제해 온·오프라인 매장 등에서 판매하는 행위는 금지되어 있습니다.
　손수 작품을 만드는 즐거움을 누리는 용도로만 사용해주세요.

셔츠 & 코트

J-1　P.70/72 ★★★
J-2　P.71/122 ★★★
K-1　P.76/78 ★★★★
K-2　P.77/84 ★★★★
L　P.86/88 ★★★★

소잉의 기초

6　봉제 과정을 짚어볼까요?
7　옷의 각 부분 명칭 | 사이즈 선택에 대해서
8　STEP1 도구 준비
10　STEP2 원단 선택
12　STEP3 패턴 만들기
13　STEP4 재단 전 원단 올 바로잡기 | 접착심 붙이기
14　STEP5 재단 후 가위집 내기
16　STEP6 재봉틀 봉제의 기본
18　원단의 밑단 처리방법

니트 원단

92　가정용 재봉틀을 이용한 니트 봉제
94　초보자에게도 추천하는 니트 원단

칼럼

42　네임라벨&네임텍으로 옷에 포인트 주기!
115　간단한 사이즈 보정방법

117　How to make
130　봉제방법 일람표
131　소잉 기초용어 색인 & 해설

니트 원단

M-1　P.96/98 ★★
M-2　P.97/124 ★★
M-3　P.102/103 ★★
N-1　P.104/125 ★
N-2　P.105 ★
O　P.110/112 ★
P　P.111/126 ★★★

시작하기 전에
봉제 과정을 짚어볼까요?

도구나 원단의 준비부터 패턴 만들기, 원단의 올 바로잡기까지 재봉틀로 봉제하기 전에도 이런저런 손이 많이 가는 과정들이 있습니다. 하지만 올 바로잡기가 끝나면 반은 끝난 것이나 다름없으니, 서두르지 말고 한 걸음 한 걸음씩 작업해보세요. 초보자 분들은 스커트나 팬츠 등 재단 부분이 적은 ★ 한 개짜리(목차에 표기) 아이템부터 시작합니다. 많이 봉제해보는 동안 똑바로 박기 어렵고 예쁘게 완성되지 않는 등의 고민들도 어느새 해결될 거예요. 많은 옷들을 만들어보면서 소잉을 즐겨보세요♪

STEP 1 ▶ P.8
도구 준비
빠진 것은 없는지 가지고 있는 봉제 도구를 체크합니다.
필요한 도구 종류를 모두 준비한 후에 시작합니다.

STEP 2 ▶ P.10
원단 선택
만들고 싶은 작품을 결정했다면, 만드는 방법에서 재료의 옷감 길이를 체크!
원단뿐 아니라 접착심과 고무줄, 단추 등 필요한 것들을 모두 준비합니다.

STEP 3 ▶ P.12
패턴 만들기
의외로 가장 손이 많이 가는 단계입니다.
뒤에 수록된 실물 크기 패턴을 베낀 다음 시접을 잡아 패턴을 만듭니다.

STEP 4 ▶ P.13
재단 전 원단 올 바로잡기
목면이나 마 등 물에 담그면 수축하는 원단은 사전에 먼저 올 바로잡기를 해 수축시키는 것이 기본입니다.

STEP 5 ▶ P.14
재단 후 가위집(맞춤점) 내기
만드는 방법의 재단 배치도를 참고해, 원단 위에 패턴을 올려놓고 재단합니다.
패턴을 빼내기 전에 가위집이나 맞춤점을 잊지 말고 표시합니다.
＊노치(notch): 'V'자나 'U'자 꼴로 시접에 0.2~0.3cm의 가위집을 내어 표시하는 일 또는 그런 자리

STEP 6 ▶ P.16
재봉틀 봉제의 기본
봉제하기 전에는 반드시 자투리 원단으로 테스트 봉제를 합니다.
봉제하는 요령과 원단의 밑단 처리방법도 참고합니다.

옷의 각 부분 명칭

바느질에 자주 등장하는 옷의 각 부분을 소개합니다. 옷의 각 부분은 좌우대칭으로 만들어져 있는 것이 많아 천의 겉면을 밖으로 한 상태에서 한 번 접은 뒤 재단하면, 좌우대칭인 파트를 한 번에 재단할 수 있습니다. 소매 등의 좌우대칭 파트는 한 번에 2장(좌우 분)을 재단할 수 있습니다. 천을 한 번 접어서 해결할 수 없는 경우나 무늬 때문에 한 장씩 재단하는 게 좋을 경우에는 좌우대칭 파트는 패턴을 반대로 뒤집어 한 장씩 만들면 좋습니다.

사이즈 선택에 대해서

이 책에서는 신장 100·110·120·130cm 사이즈 옷의 패턴을 수록하고 있습니다. 각 사이즈별 패턴은 아래의 표준체형(누드 치수)을 기준으로 만들었습니다. 기본적으로 신장·가슴·엉덩이를 기준으로 사이즈를 선택하고, 소매나 옷의 기장은 아이에게 맞춰서 조절하세요. 간단한 사이즈 보정방법은 115쪽에 안내되어 있습니다.

기본사이즈 표 (단위: cm)

사이즈	연령	신장	가슴	허리	엉덩이	어깨 폭	기장	소매기장 (길이)	등솔기~소매 끝 길이	밑위	밑아래	머리둘레	체중
100	3~4세	95~105	56	51	57	27	26	33	46	19	38	50	16.8
110	5~6세	105~115	57	54	64	29	28	38	52	20	43	52	20.3
120	7~8세	115~125	61	56	66	31	30	40	55	21	48	53	24.8
130	9~10세	125~135	65	60	71	34	33	43	60	22	53	53	30.6

※ 모델 여자아이(6세)는 신장 114cm, 남자아이(5세)는 신장 106cm로, 모두 110cm 사이즈를 착용하고 있습니다.

STEP 1
도구 준비

도구 협찬/
☆ = (주)크로바
★ = (주)자노메

패턴 만들 때 필요한 도구

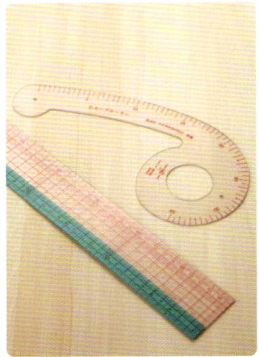

자 & 곡선자
모눈 눈금이 표시된 자는 시접을 그릴 때 편리합니다. 30cm와 50cm 자 두 개가 있으면 좋습니다. 곡선자는 목둘레와 진동둘레를 그릴 때 사용합니다.

문진
실물 크기 패턴 위에 패턴지를 놓고 패턴을 베낄 때 종이가 움직이지 않도록 고정해줍니다. 둥근 모양도 있습니다.

샤프펜 & 형광펜
형광펜은 따라 그릴 실물 패턴지의 선이 더 잘 보이게 표시하는 데 사용합니다. 샤프펜은 실물 패턴을 따라 그릴 때 씁니다. 0.4mm 타입을 추천합니다.

패턴지
적당히 투명하고 튼튼한 종이로, 실물 크기 패턴을 베낀 후 오려서 패턴으로 씁니다. 무늬 없는 타입, 모눈이 그려진 타입 등이 있습니다.

종이용 가위 & 칼
패턴지에 그린 패턴을 오릴 때는 문구용 가위를 사용합니다. 긴 직선의 경우 칼과 가위를 사용해 오립니다.

다림질할 때 필요한 도구

다리미
시접을 한쪽으로 접거나 형태를 정돈할 때, 접착심을 붙일 때 사용합니다. 작은 부분이나 일부분을 다릴 때 쓰기 좋은 작은 다리미도 있으면 편리합니다.

분무기 & 다리미천
접착심을 붙일 때나 주름을 잡을 때 사용합니다. 다리미천은 원단의 번들거림이나 손상을 방지해줍니다. 접착심의 풀이 묻지 않도록 트레이싱 페이퍼도 있으면 좋습니다.

바이어스메이커
바이어스감의 양방향의 시접을 동시에 접을 수 있는 도구입니다. 시중에 파는 양쪽이 접힌 바이어스테이프를 사용해도 됩니다.

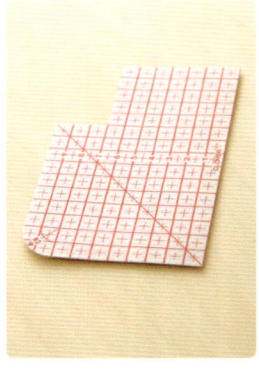

다리미 시접자
시접의 접음선을 눈으로 재가면서 다림질을 할 수 있도록 모눈이 그려진 내열성 자입니다. 엽서 크기의 두꺼운 종이로 만들어 사용해도 됩니다.

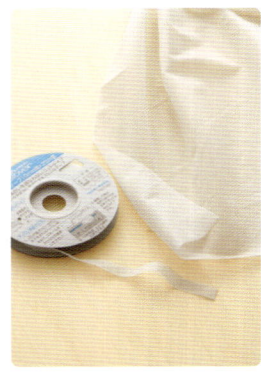

접착심 & 늘어남 방지테이프
원단의 안쪽 면에 다리미로 붙여 원단이 늘어나는 것을 막거나 보강할 때 씁니다. 늘어남 방지테이프는 폭 10mm를 시접 폭에 맞대서 사용합니다(93쪽 참고).

천 재단 & 봉제할 때 필요한 도구

가위 ☆
재단용 가위, 세세한 곡선을 자를 때 유용한 컷워크용 가위, 쪽가위를 각각 용도에 맞게 나눠 사용하면 편리합니다. 종이를 오리는 가위와는 구별해서 쓰도록 합니다.

재단칼 & 커팅매트 ☆
가늘고 긴 부분을 재단하거나 얇은 원단, 니트 원단 등을 재단할 때 편리합니다. 커팅매트는 대형을 쓰면 편리합니다.

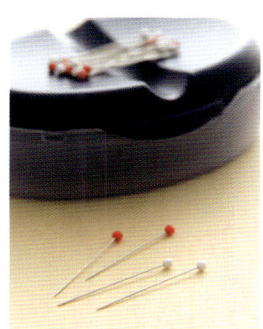

시침핀 & 바늘꽂이(핀쿠션) ☆
임시 고정용 핀은 얇은 원단에 쓰는 가는 타입의 길이 35mm 정도가 가장 쓰기 좋습니다.

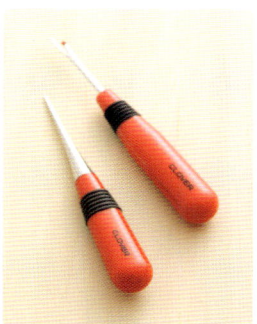

송곳 & 실뜯개 ☆
송곳은 천에 표시를 하거나 봉제 시 원단을 밀어줄 때, 모서리 모양을 잡을 때 사용합니다. 실뜯개는 바늘땀을 뜯을 때 사용합니다.

룰렛, 초크페이퍼 ☆ & 초크펜
원단에 선을 그릴 때 초크페이퍼와 룰렛을 세트로 사용합니다(14쪽 참고). 초크펜은 연필 타입을 추천합니다.

실 & 바늘 ☆
잘못 박을까 염려되는 부분을 사전에 임시로 바느질해둘 때 쓰는 실과 바늘입니다.

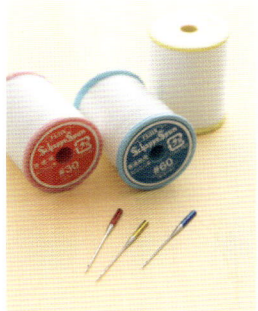

재봉실 & 재봉틀 바늘
재봉실과 바늘은 원단 두께에 따라 다르게 사용하고, 윗실과 밑실은 같은 종류를 쓰는 것이 가장 좋습니다(16쪽 참고).

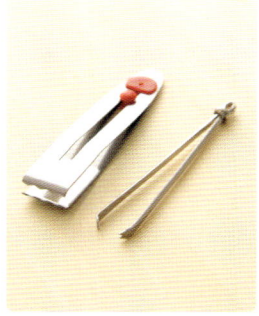

고무줄 끼우개 ☆
고무줄이나 끈의 끝부분을 집어 고정한 다음, 끼우개의 반대쪽 끝부분부터 통과시킵니다. 옷의 허리에 끼울 넓은 고무줄에는 사진 왼쪽에 보이는 타입을 쓰면 좋습니다.

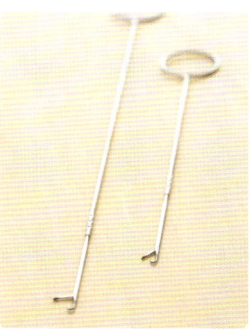

걸이 뒤집개 ☆
끈이나 고리처럼 가늘고 길게 봉제한 원단의 안과 겉을 뒤집을 때 사용합니다. 작품 H-1·2의 뒤에서 여미는 단추용 고리를 만들 때 사용해도 좋습니다.

원단용 스틱 풀 & 풀림 방지액
원단용 스틱 풀을 쓰면 원단에 바늘을 부드럽게 통과시킬 수 있고 시접을 임시로 고정할 때도 편리합니다. 풀림 방지액은 리본의 자른 끝부분이나 단춧구멍의 풀림을 방지할 때 씁니다.

가정용 재봉틀 ★
직선박기와 지그재그박기, 단춧구멍 만들기가 가능하다면 OK. 초보자 분이라면 자동 실 장력 조절 및 길이 조절 기능이 있는 것을 추천합니다.

있으면 편리한 노루발

말아박기 노루발 ★
두 번 말아박기를 한 번에 할 수 있어 편리합니다(직선박기로 만드는 방법은 18, 56쪽에 소개).

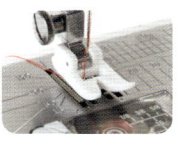

테플론 노루발 ★
라미네이트 원단 등 봉제하기 어려운 소재의 원단을 부드럽게 밀어주는 노루발입니다. 직물 원단이나 니트 원단에도 쓰기 좋습니다.

스티치 자 ★
바늘로부터의 거리를 원하는 만큼 설정해, 그 가이드에 따라 원단을 밀며 봉제할 수 있습니다.

마그넷 자
용도는 스티치 자와 같으며, 침판 위에 마그넷으로 고정해 사용하는 타입입니다.

STEP 2
원단 선택

이 책에 나와있는 작품에 사용한 원단을 소개합니다. 아동복에는 코튼이나 리넨 같은 천연소재를 쓰는 것이 좋습니다. 초보자 분이라면 너무 얇거나 두껍지 않은 브로드클로스 등 봉제가 쉬운 원단을 추천합니다. 체크나 줄무늬처럼 큰 무늬가 있는 원단은 무늬를 잘 맞추어야 하므로 재단부터 봉제까지 신경을 써야 합니다. 작은 무늬는 무지 원단과 동일하게 사용하므로 무늬를 굳이 맞출 필요가 없습니다. 내 아이가 좋아하는 색상과 무늬를 함께 고려해 잘 골라보세요.

셔츠, 블라우스, 원피스 등에…

작품 K-1 (76쪽)
작품 K-2 (77쪽) ※안단에 사용
작품 B (20쪽)
작품 D (27쪽)

브로드클로스
평직의 일반 원단입니다. 촘촘히 짜여있어 매끈한 감촉과 광택감이 있는 셔츠감에 제격입니다. 블라우스와 스커트, 원피스를 만들기도 좋습니다.

론
얇은 평직 원단입니다. 가볍고 매끈한 촉감에 적당히 탄력 있는 고급 원단으로 양복에 쓰입니다.

작품 K-2 (77쪽)

작품 H-2 (53쪽)

샴브레이
날실에 색실, 씨실에 흰 실을 사용해 만든 원단으로 서리가 내린 듯 희끗희끗한 무늬가 특징입니다. 얇고 광택이 있는 평직 원단입니다.

여자아이에게 어울리는 아이템에…

작품 J-2 (71쪽)
작품 H-1 (52쪽)
작품 G-3 (50쪽)

리버티프린트
여자아이용 아이템에 결코 빠질 수 없는 꽃무늬로 견처럼 광택이 나며 독특한 탄력감, 부드러운 감촉이 특징인 고급 견직 론입니다.

보일
얇고 빳빳하며 성긴 여름용 평직 원단입니다. 도트 자수가 들어간 타입은 여자아이의 원피스나 블라우스에 잘 어울립니다.

작품 G-2 (45쪽)

(111쪽 스커트)

레이스 원단
론 원단에 귀여운 작은 꽃무늬 자수를 더한 레이스 원단입니다. 스커트를 만들 경우에는 페티코트나 이너팬츠를 매치하면 좋습니다.

리넨 원단도 강추!

작품 E-2 (39쪽)
작품 A (20쪽)
작품 I-2 (59쪽)

컬러 리넨
아마(리넨)를 소재로 해 흡수성과 속건성이 좋고 튼튼한 원단입니다. 부드러워 피부에 닿는 느낌이 순하면서, 거칠거칠한 감촉도 인기입니다. 색상도 풍부합니다.

체크 & 스트라이프 무늬 리넨
여자아이에게도 남자아이에게도 잘 어울리는 대표적 무늬로 옷을 만들 때는 가는 실을 사용해 얇고 튼튼한 원단을 추천합니다. 소재로는 물론 코튼도 좋습니다.

작품 G-1 (44쪽)

작품 I-1 (58쪽)

팬츠와 스커트에…

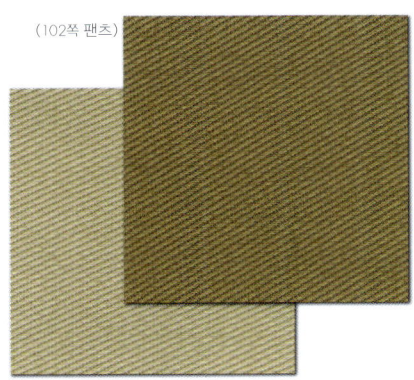

(102쪽 팬츠)
작품 E-1 (32쪽)

컬러 트윌
날실과 씨실을 교차해 짠 능직 원단으로 대님처럼 가는 사선 골이 들어가있는 것이 특징입니다. 신축성이 좋고 튼튼해 팬츠를 만들기 좋습니다.

작품 F-1 (33쪽) 체크무늬 코튼
작품 F-2 (38쪽) 촘촘한 코튼

코튼
목면 원단. 흡수성이 좋고 튼튼하며 감촉도 좋아 아동복에 추천할 만한 소재입니다. 엉덩이 부분에는 어느 정도 부피감이 있는 두께의 원단을 사용합니다.

작품 C (26쪽)

코듀로이
세로 방향으로 들어가 있는 가느다란 골이 특징인, 보온성이 좋은 겨울용 원단입니다. 올의 방향이 있으므로 위에서 아래로 올 방향의 화살표를 잘 맞춥니다.

STEP 3
패턴 만들기

부록의 실물 크기 패턴을 패턴지에 베끼고 시접을 추가로 표시한 다음, 가위로 오려 패턴을 만듭니다. 패턴에 쓰인 각 재단 부분의 이름과 표시, 기호 등도 모두 베껴두도록 합니다.

실물 크기 패턴의 선을 그린다

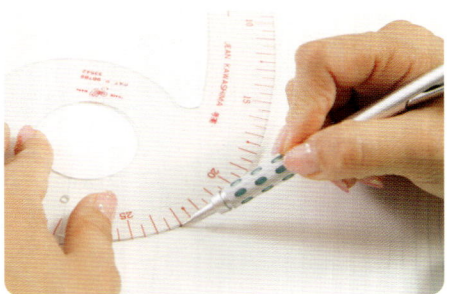

실물 크기 패턴(형광펜으로 모서리 등의 부분 위에 덧대서 그려두면 좋습니다) 위에 패턴지를 얹고 문진으로 고정합니다. 이어서 자와 샤프펜슬로 선을 따라 그립니다.

목둘레나 진동둘레 같은 곡선은 자를 조금씩 움직이며 선을 그려줍니다.

곡선을 그릴 때에는 전용 곡선자를 사용하는 것도 좋습니다.

시접을 표시한다

※ 시접 폭은 만드는 방법의 재단 배치도를 참고합니다.

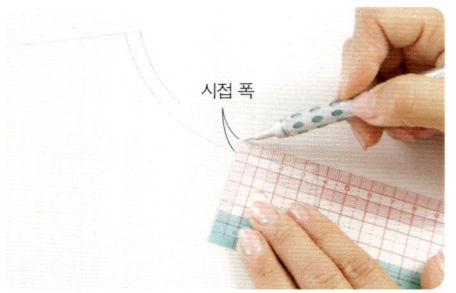

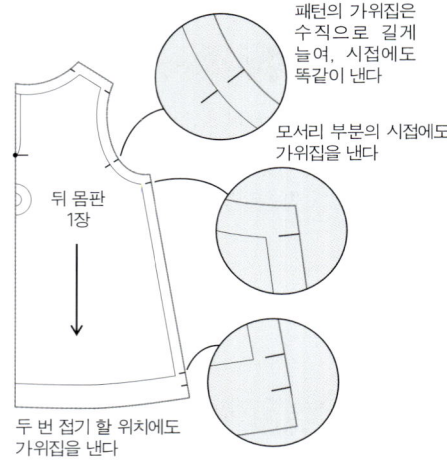

선을 다 그린 다음, 시접 폭을 가늠해 그 선에 평행한 선을 그립니다. 곡선은 앞에서와 같이 자를 조금씩 움직여 그립니다.

직선을 그릴 때는 자에 그려진 눈금을 활용해 기존 선과 평행하게 그립니다.

패턴의 가위집은 수직으로 길게 늘여, 시접에도 똑같이 낸다

모서리 부분의 시접에도 가위집을 낸다

두 번 접기 할 위치에도 가위집을 낸다

■ 밑단이나 소맷부리에 시접을 넣는 방법

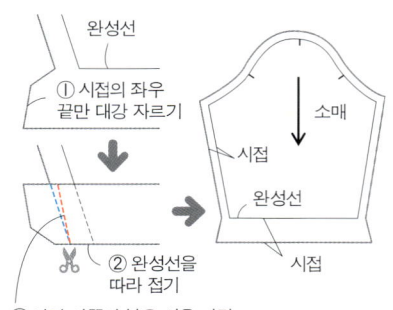

① 시접의 좌우 끝만 대강 자르기
② 완성선을 따라 접기
③ 약간 안쪽의 붉은 선을 따라 여분을 잘라내기

패턴 기호도 모두 그대로 표시하세요!

— 완성선 ※주1
← 올선 ※주2
⌒ 골선 (원단을 반으로 접었을 때 접음선 부분)
〜 주름
↔ 화살표 방향으로 늘리기

주름 끝 지점
맞춤점 (가위집 내기)
● 맞춤점 (송곳이나 초크펜으로 표시)
턱 (빗금의 높은 쪽에서 낮은 쪽으로 접기)

※ 주1: 이 책의 패턴에서는 사이즈별로 완성선의 선 종류를 달리 표시하고 있습니다.
※ 주2: 원단에 무늬나 올 방향이 있는 경우는 패턴의 화살표 방향을 한 방향으로 맞춰서 배치하도록 합니다.

STEP 4
재단 전 원단 올 바로잡기

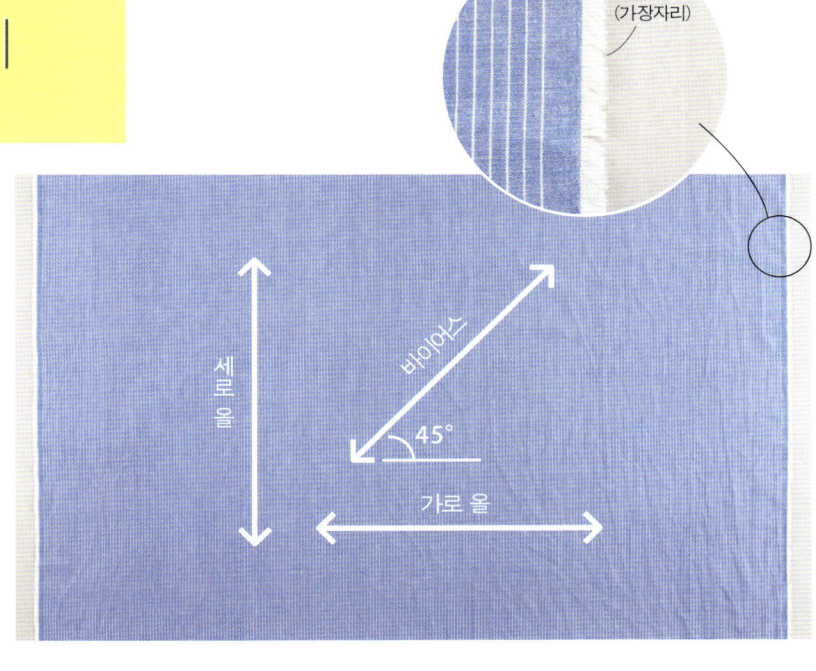

올에 대해 알고 넘어가기

올이란 원단을 짠 실 가닥의 방향을 뜻합니다. 원단의 양 끝을 '식서(가장자리)'라고 하는데, 식서와 평행한 것이 세로올 방향, 그와 수직이 되는 것이 가로올 방향입니다. 세로올 방향이 가장 덜 늘어나므로, 원단의 재단 배치도나 패턴에 표시해놓은 화살표 방향은 이 세로올 방향에 맞춰져있습니다. 한편, 원단 올의 45도로 기울어진 방향을 뜻하는 '바이어스'는 신축성이 좋아 프릴이나 목둘레, 소맷부리 원단 등 곡선으로 이어져 봉제하는 부분에 사용하면 깔끔하게 붙일 수 있습니다.

올 바로잡기

목면이나 마처럼 물에 담그면 수축하는 원단은, 사전에 미리 올 바로잡기를 해 수축시켜둡니다. 간단한 올 바로잡기 방법은 세탁망에 원단을 넣어 세제 없이 세탁기에 돌리거나, 하루 동안 물에 담가둡니다. 이후 가볍게 짜 형태를 정돈한 다음, 그늘에 널어 반건조시키고 원단 올에 수직 방향으로 다림질을 하면 됩니다.

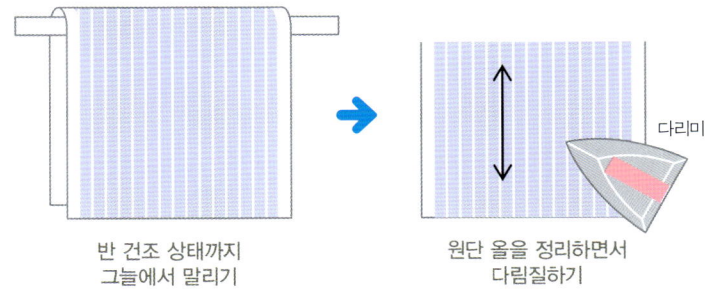

반 건조 상태까지 그늘에서 말리기 → 원단 올을 정리하면서 다림질하기

접착심 붙이기

※ 앞트임 등 부분적으로 붙이는 경우에는 패턴을 이용해 필요한 크기만큼 접착심을 잘라 2, 3번과 같은 방법으로 붙입니다. 늘어남 방지테이프는 각 재단 부분을 자른 후 시접 부분 뒤에 붙여줍니다.

1 원단에 접착심을 올린 다음 패턴이 충분히 들어가는 크기에 맞춰 다강 재단합니다(사진은 커프스 2장 분을 자르는 모습입니다).

2 원단의 안과 접착심의 풀을 묻힌 부분을 맞댄 후 살짝 분무기를 뿌려주면 열이 잘 전달되고 접착도 용이해집니다.

3 2번의 위에 트레이싱 페이퍼 등 얇은 종이를 덮어 다림질해 접착합니다. 다리미의 온도는 원단에 맞게 조정합니다.

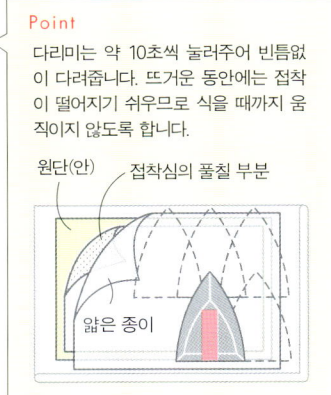

Point
다리미는 약 10초씩 눌러주어 빈틈없이 다려줍니다. 뜨거운 동안에는 접착이 떨어지기 쉬우므로 식을 때까지 움직이지 않도록 합니다.

STEP 5
재단 후 가위집 내기

재단 배치도를 참고해 원단 위에 패턴을 배치합니다. 모든 부분이 들어가는 것을 확인한 다음 패턴을 시침핀으로 고정해 재단합니다.

패턴을 원단 위에 올리고 시침핀으로 고정한다

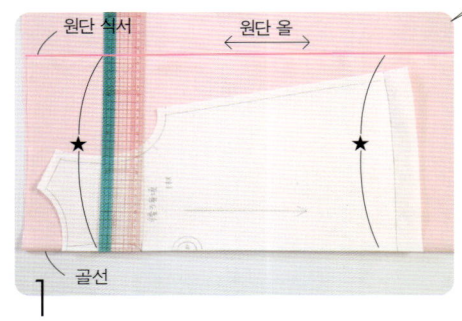

1. 원단을 접을 때는 식서가 원단 올과 평행이 되도록 자로 가늠하여 접는 것이 좋습니다(★표). 패턴의 골선을 원단의 접음선 부분에 맞춥니다.

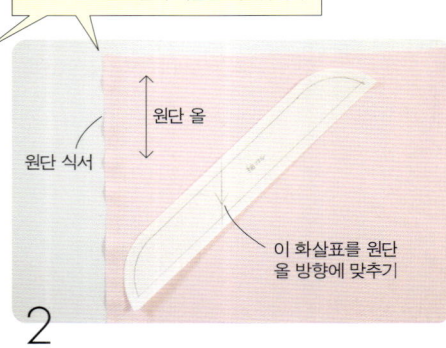

Point 원단 겉면에 패턴을 배치합니다.

2. 바이어스 방향에 맞출 프릴이나 목둘레, 진동둘레 원단 등은 패턴의 올 방향 화살표를 원단 올 방향에 잘 맞춥니다.

시침핀은 원단이 상하지 않도록 가능한 시접 안쪽에 꽂는다.

3. 원단 위에 패턴의 모든 부분이 들어가는지 확인한 다음 패턴을 시침핀으로 고정합니다.

원단을 재단한다

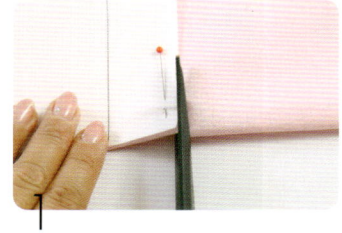

1. 가위는 원단에 수직 방향으로, 원단을 들어올리지 않도록 주의하며 자릅니다.

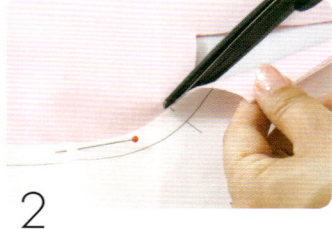

2. 목둘레 등의 곡선은 자른 부분을 젖혀가면서 재단하는 것이 좋습니다.

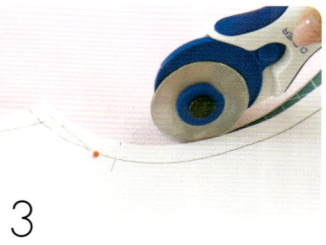

3. 재단칼을 이용하면 빠르고 정확하게 자를 수 있습니다.

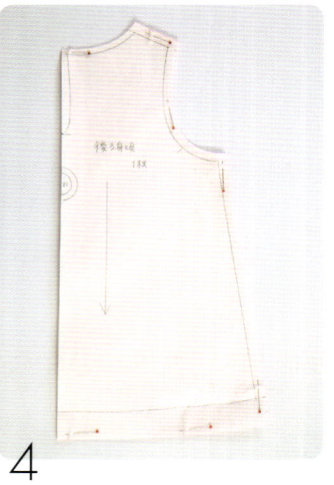

4. 재단을 완성한 상태입니다. 가위집을 내기 전까지는 패턴을 빼지 않도록 합니다.

가위집을 낸다

1. 시접 쪽의 맞춤점에는 가위집(0.3cm 정도)을 냅니다.

2. 패턴에 있는 ●점 표시에는 송곳으로 구멍을 뚫어 표시합니다.

3. 봉제할 선을 알아보기 어려운 안쪽 곡선 등은 원단과 패턴 사이에 초크페이퍼를 끼운 다음 룰렛으로 표시합니다.

패턴의 배치 방법

만드는 방법의 재단 배치도를 참고해, 원단 위에 패턴을 배치합니다. 무늬를 잘 맞춰야 하는 원단의 경우, 보통 필요한 원단의 10~20% 여유가 있도록 원단을 준비합니다.

※ 이 책에서는 재단 배치도를 130cm 사이즈 배치를 예로 들어 소개하고 있습니다. 다른 사이즈의 경우 공간을 조금씩 줄여 배치할 수도 있습니다.

기본 배치

아래 그림의 ①~⑤ 순서처럼 크거나 길이가 긴 부분을 먼저 배치하고, 남은 공간에 작은 부분을 배치합니다.

예를 들면 ①②를 재단한 다음 원단을 접는 방향을 바꿔 남은 ③~⑤를 재단해도 됩니다. 다만 재단하기 전에 전체 부분이 다 들어가는지 확인하는 게 중요합니다!

무늬를 맞추는 방법 *상의의 경우

겨드랑이 부분의 교차점을 잇는 가로 선(아래 그림에 보이는 붉은 선)을 기준으로 원단 무늬를 맞춥니다.

아래 그림에서는 원단 자체의 무늬 선에 붉은 선이 일직선이 되도록 맞춰서 배치했습니다.

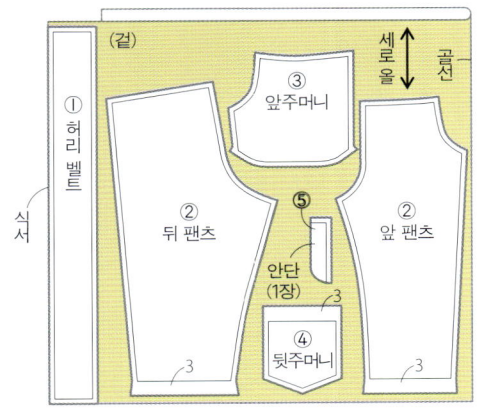

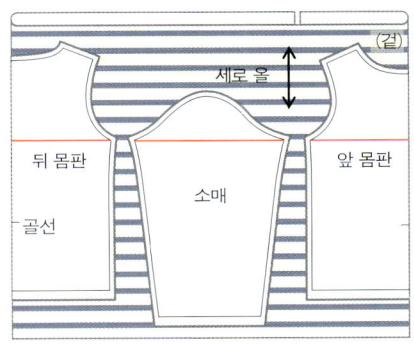

무늬를 맞추는 방법 *팬츠의 경우

1 팬츠의 무늬를 맞추는 기본은 앞, 뒤 팬츠의 밑단을 맞추는 것입니다.

2 체크무늬의 세로선은 눈에 띄는 굵은 선이 앞뒤 팬츠에서 균형 있게 들어가도록 배치합니다. 그림 예시에서는 굵은 선이 세로로 2줄씩 들어가 있습니다.

3 겉주머니(out pocket)의 무늬를 팬츠와 딱 맞게 하고 싶다면, 팬츠 패턴의 주머니 위치에 원단 무늬를 맞출 기준이 될 굵은 선(가로와 세로)을 표시해둡니다.

4 3의 선을 주머니 패턴에 표시해두면 주머니를 배치할 때 무늬를 쉽게 맞출 수 있습니다.

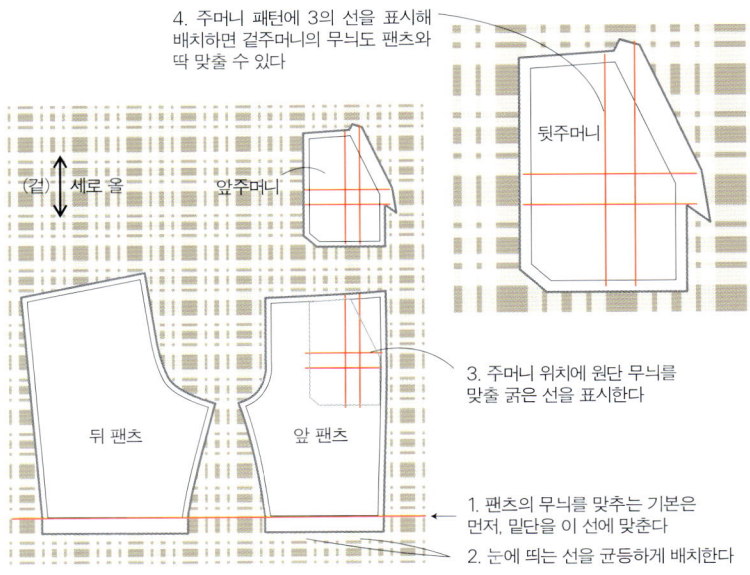

STEP 6
재봉틀 봉제의 기본

재봉틀 실 장력

수평가마 타입인 가정용 재봉틀은 윗실의 장력을 조절합니다. 윗실 장력 다이얼을 숫자가 작은 쪽으로 맞추면 장력은 약해지고 큰 숫자에 맞추면 강해집니다.

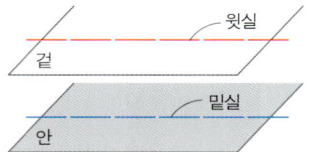
장력이 알맞은 경우
윗실과 밑실이 원단의 벌어지는 틈 없이 잘 맞물려있는 상태입니다.

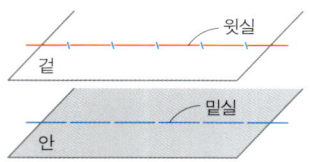
윗실 장력이 강한 경우
겉쪽에서 밑실이 보이는 상태로 윗실 장력을 약하게 조절합니다.

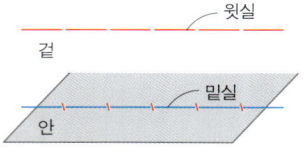
윗실 장력이 약한 경우
안쪽에서 윗실이 보이는 상태로 윗실 장력을 강하게 조절합니다.

바늘땀 길이에 대해서
직선박기를 할 경우 2.6mm 안팎, 지그재그박기를 할 경우는 2mm 정도, 위아래 폭은 4mm 정도가 좋습니다. 봉제하기 전에 사용할 원단과 같은 원단을 비슷한 두께로 준비해 테스트 봉제를 꼭 해보도록 합니다.

재봉실과 재봉틀 바늘
사용할 원단 두께에 맞춰서 실 번호와 바늘 호수를 잘 구별해 사용합니다.

원단 종류	재봉실	재봉틀 바늘
얇은 원단 론, 보일, 거즈	90수(폴리에스테르 실)	7호 9호
보통 원단 브로드클로스, 시팅, 리넨	60수(폴리에스테르 실)	9호 11호
두꺼운 원단 트윌, 데님, 코듀로이	30수(폴리에스테르 실)	11호 14호

스티치의 색상과 굵기에 대해서
일반 원단을 사용하는 경우라도 스티치를 눈에 띄게 하고 싶을 때는 30수 재봉실을 사용해보세요. 스티치 부분을 더 강조하고 싶으면 눈에 띄는 색상의 30수 실을 사용합니다. 바늘땀에 자신이 없는 분들은 원단과 같은 색상의 60수를 추천합니다.

재봉틀의 눈금을 이용해 봉제하기
완성선은 특히 늘어나지 않도록 재봉틀 침판의 눈금을 이용해 원단을 잘 맞춘 다음 봉제하면, 시접을 일정한 폭으로 봉제할 수 있습니다. 재봉틀의 침판에 눈금이 없거나 알아보기 어려운 경우라면 바늘로부터의 거리를 자로 가늠한 다음 테이프를 붙여 표시합니다.

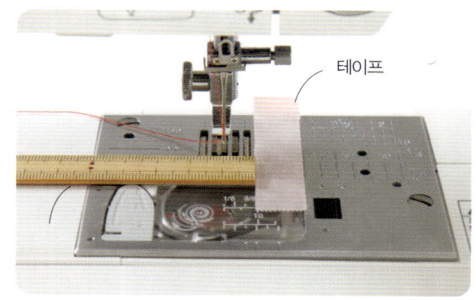
테이프

원단 접는 방법 · 맞대는 방법

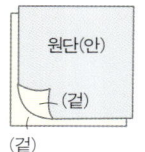
겉끼리 맞대기
원단의 겉끼리 맞대어 겹칩니다.

안끼리 맞대기
원단의 안끼리 맞대어 겹칩니다.

골선
원단을 반으로 접었을 때 생기는 선(접음선).

시접을 접는 방법

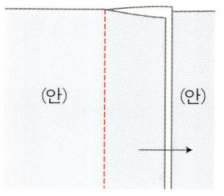
한쪽으로 접기
(한쪽으로 넘기기)
시접 두 장을 한꺼번에 한 방향으로 접습니다.

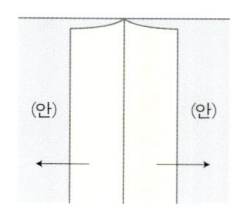
가르기
시접을 양방향으로 열어젖힙니다.

시침핀 꽂는 방법
핀 끝으로 원단을 0.2~0.3cm 정도 떠서 꽂으면 잘 고정됩니다.

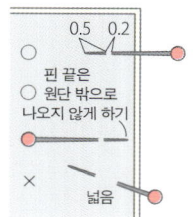

되돌아박기과 겹쳐박기

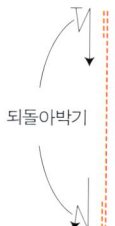

되돌아박기
봉제를 시작할 때와 끝마칠 때는 기본적으로 3~4땀 되돌아박기 를 합니다.

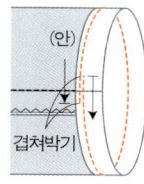

겹쳐박기
소맷부리나 밑단 등 봉제 끝 지점이 시작 지점과 겹치는 선을 봉제하는 경우, 되돌아 박기는 하지 않고 봉제를 시작할 때와 끝마칠 때 스티치를 1.5cm 정도 겹쳐서 박습니다.

코바스티치란?

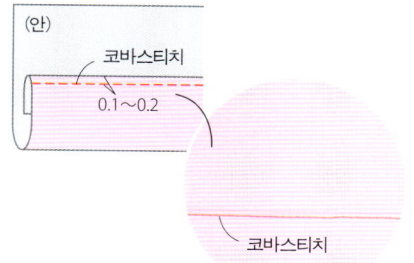

밑단이나 시접 등 접음선에 걸리는 끝단 봉제 중에서도 특히 끝에서 0.1~0.2cm 정도로 아슬아슬한 간격을 두고 하는 스티치를 '코바스티치' 라고 합니다. 0.3cm 이상 간격이 있는 경우는 '재봉 스티치' '스티치' '0.5 폭 스티치' 등으로 표기합니다.

봉제하기 전 원단을 정돈해 다림질하기

두 번 접어 다림질하기 등은 봉제하기 전 평평한 상태에서 원단에 접음선을 만들어두면 이후 작업이 수월해집니다. 시접에 맞춰 다리미로 접음선을 만들 수 있도록 다리미 시접자를 사용하는 것이 좋습니다.

두 번 접기

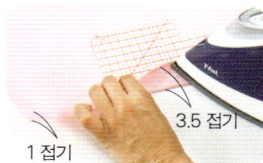

안쪽에 보이지 않는 시접(사진에서는 1cm)을 먼저 접고, 다음에 접을 폭(사진에서는 3.5cm)만큼을 다리미 시접자를 이용해 접음선을 만듭니다.

같은 너비로 두 번 접기

1 완성선에서 시접(사진에서는 3.5cm)을 한 번 접기 합니다.

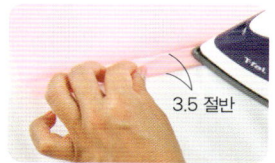

2 1의 접음선에 원단 끝을 맞춰 반으로 접으면 3.5cm의 절반(약 1.75cm)을 같은 너비로 두 번 접을 수 있습니다.

여러 가지 봉제 요령

세로로 긴 거리를 봉제할 때는 시작과 끝 지점을 팽팽하게 잡은 채로 봉제하는 것이 좋습니다.

주름을 잡은 부분의 잔주름들을 정돈하면서 봉제할 때나 바늘 근처로 원단을 밀 때는 송곳을 활용합니다.

봉제를 시작할 때 원단 두께로 높이에 차이가 있으면, 노루발이 수평을 이룰 수 있도록 그 앞에 같은 두께의 여분 원단(필요 없는 원단)을 끼운 다음, 그 여분 원단에서부터 이어서 봉제를 시작합니다. 사이의 실은 나중에 잘라냅니다.

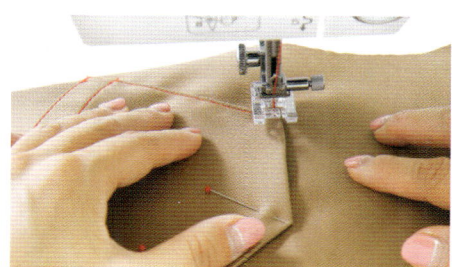

모서리에서는 일단 바늘을 멈추고, 바늘이 꽂혀있는 채로 노루발을 들어올려 방향을 바꿔줍니다

소매와 같은 원통 모양은 안쪽을 보면서 봉제합니다.

맞대어 박은 원단을 펼쳐서 접음선 부근에 코바스티치를 할 경우, 좌우를 활짝 당겨가면서 하는 것이 좋습니다.

원단의 밑단 처리방법

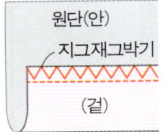
한 번 접기
원단을 한 번 접습니다. 밑단은 지그재그 박기로 처리합니다.

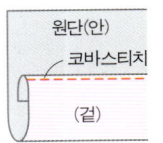
두 번 접기
원단 밑단이 안쪽으로 들어가 보이지 않도록 두 번 접습니다.

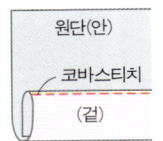
같은 너비로 두 번 접기
두 번 접기의 한 종류로, 시접을 딱 절반으로 같은 폭만큼 두 번 접습니다.

두 번 말아박기 프릴 밑단을 처리할 때 추천해요!

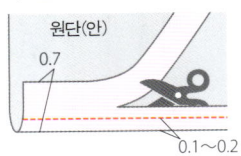
1 한 번 접어 코바스티치를 한 후, 여분의 시접을 잘라냅니다.

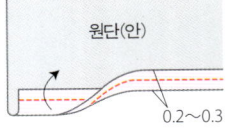
2 한 번 더 0.2~0.3cm 폭으로 접어올려 두 번 접기 합니다.

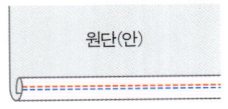
3 1의 봉제선 바로 위를 안에서부터 봉제합니다. 겉쪽에서는 3의 봉제선만 보입니다.

지그재그박기

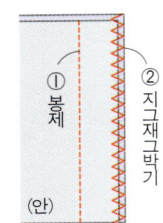
겉끼리 맞대어 봉제하고, 시접 끝을 지그재그 박기로 처리합니다.

 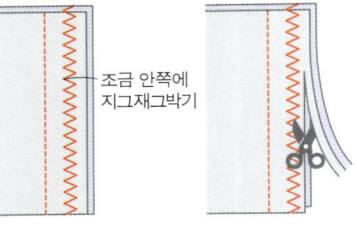
1 원단이 말려들어가 봉제하기 어려울 때는 조금 안쪽에 지그재그박기를 합니다.
2 여분의 시접을 잘라냅니다. 지그재그박기 한 실을 잘라내지 않도록 주의합니다.

바이어스 처리 (겉에서 바이어스감이 보인다)

바이어스감으로 원단을 감싸 밑단을 처리하는 방법으로, 겉에서도 안에서도 바이어스감이 보입니다. 이 책에서는 작품 K-1, K-2의 소맷부리 부분을 이 방법으로 처리했습니다.

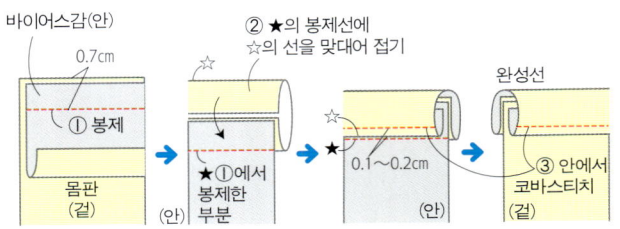

쌈솔

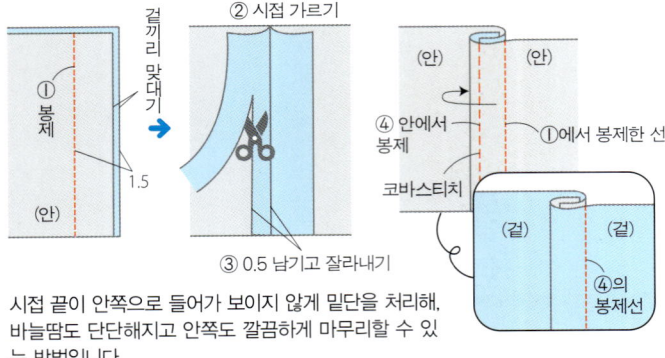
시접 끝이 안쪽으로 들어가 보이지 않게 밑단을 처리해, 바늘땀도 단단해지고 안쪽도 깔끔하게 마무리할 수 있는 방법입니다.

안 바이어스 처리 (겉에서 바이어스감이 보이지 않는다)

목둘레나 소맷부리의 마무리에 사용합니다. 겉에서는 바이어스감이 보이지 않는 처리방법으로, 프린트무늬 등의 별도 원단을 포인트로 쓰거나, 시중에 판매하는 바이어스테이프를 이용해도 좋습니다.

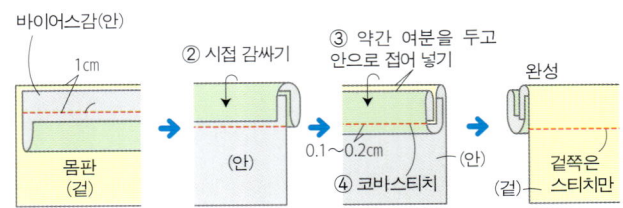

통솔

원단 끝이 안쪽으로 들어가 보이지 않게 처리하는 간단한 방법으로 올이 풀리기 쉬운 원단이나 얇은 원단의 밑단을 처리할 때 좋습니다.

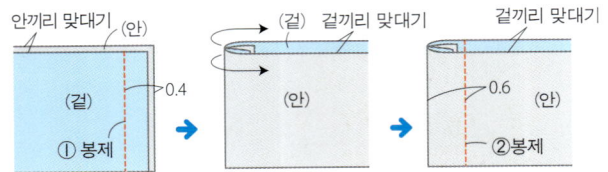

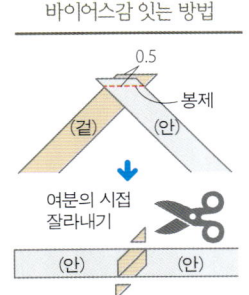
바이어스감 잇는 방법

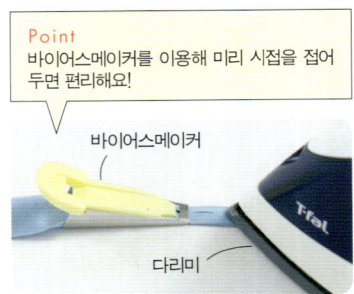
Point 바이어스메이커를 이용해 미리 시접을 접어 두면 편리해요!

스커트 & 팬츠
Skirt & Pants

A

 쇼트 팬츠

적은 부분으로 만들 수 있는 기본 쇼트 팬츠로, 큰 주머니가 디자인의 포인트입니다. 앞뒤를 확실히 구분할 수 있도록 팬츠 앞면에는 리본을 달아주세요. 옆선을 박지 않기 때문에 금방 완성할 수 있어 팬츠 만들기는 특히 처음 도전하시는 분들에게 추천합니다. 보통 두께 정도의 원단이 가장 잘 어울립니다.

How to make P.22 (Lesson1)

※ 남자아이용 셔츠는 작품 J-1(70쪽)의 패턴을 이용

B

 개더 스커트

얇은 원단으로 간단하게 만드는 주름 가득 개더 스커트입니다. 셔츠를 안에 넣어 입어도 귀엽게 보이도록 허리 부분은 넓은 폭의 고무줄을 넣어 완성했습니다. 시접은 지그재그박기를 할 필요 없이 직선박기만 하면 되는 쌈솔로 처리합니다. 튼튼하게 완성될 뿐 아니라 안쪽도 깔끔하게 마무리할 수 있습니다.

How to make P.24 (Lesson2)

Lesson 1

A
쇼트 팬츠
(20쪽) 실물 크기 패턴 A면

재료
※ 치수는 왼쪽부터 100/110/120/130cm

겉감 (블루 리넨) 110cm 폭× 50/60/65/70cm
고무줄 (8골) … 40/43/46/49cm 2줄
폭 1cm 리본 (앞 표시용) … 22cm (공통)

봉제 순서
1 원단을 재단하고 시접 다림질하기
2 주머니 달기
3 밑위 박기
4 밑아래 박기
5 허리와 밑단 처리하기
6 리본을 달고 고무줄 끼우기

재단 배치도
※ 원단 겉면에 패턴을 배치해 재단한다
※ 따로 표시해둔 부분 이외의 시접은 1cm
※ 치수는 위에서부터 100/110/120/130cm

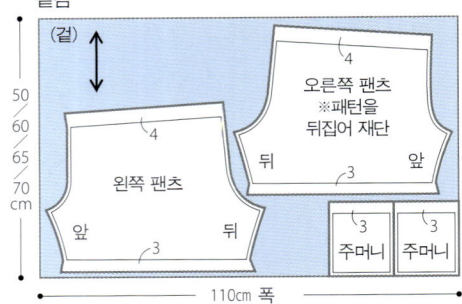

1 원단을 재단하고, 시접을 다림질한다

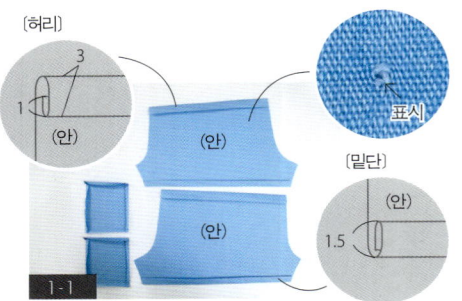

패턴 주위에 시접을 넣어 원단을 재단한 다음, 주머니를 달 위치를 송곳으로 표시합니다. 이어서 허리와 밑단의 시접을 다리미로 두 번 접어 접음선을 냅니다.

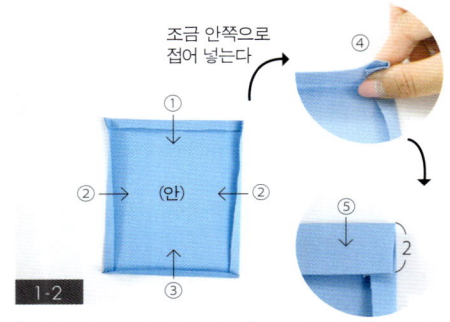

주머니의 시접을 ①~③ 순서로 1cm 접습니다. ④에서 주머니 입구 부분의 모서리를 조금 안쪽으로 접어 넣어 ⑤에서 2cm 접습니다.

2 주머니를 단다

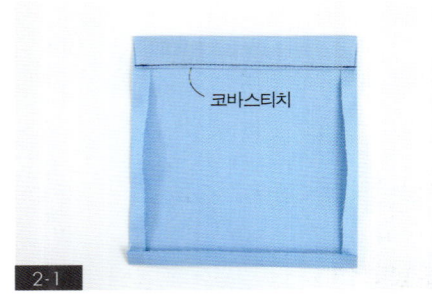

두 번 접기한 주머니 입구 부분의 시접에 코바스티치를 합니다(취향대로 네임라벨을 붙여도 됩니다).

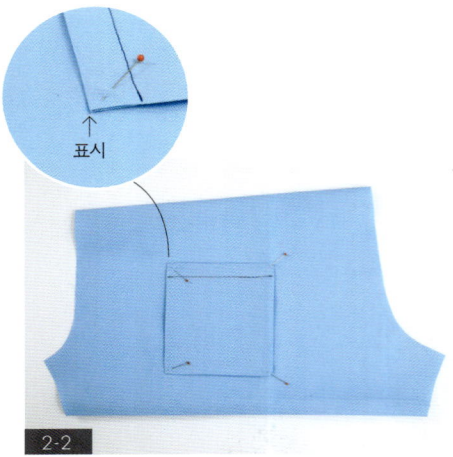

송곳으로 표시한 부분에 맞춰, 주머니를 시침핀으로 고정합니다(취향대로 네임텍을 끼웁니다).

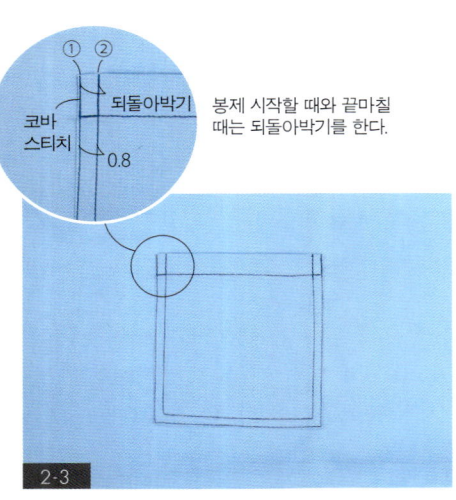

먼저 주머니의 접음선 부근을 코바스티치로 눌러준 다음, 안쪽 0.8cm 부분에 한 번 더 스티치합니다(더블스티치).

3 밑위를 박는다

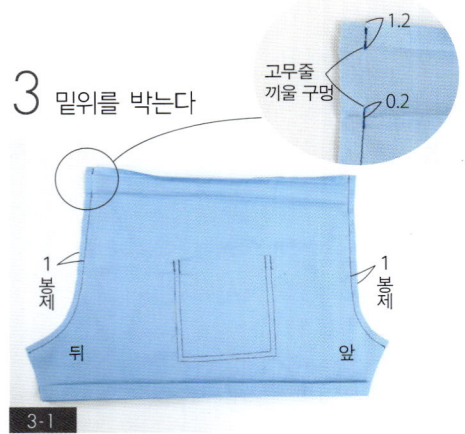

좌우 팬츠를 겉끼리 맞대어 겹친 후, 앞쪽의 밑위를 박습니다. 뒤쪽의 밑위는 고무줄 끼울 구멍을 남겨두고 박습니다.

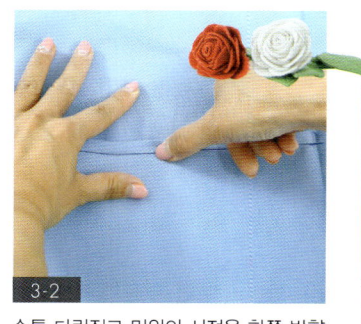
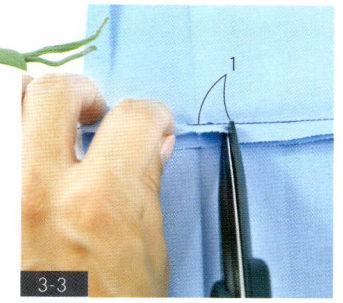
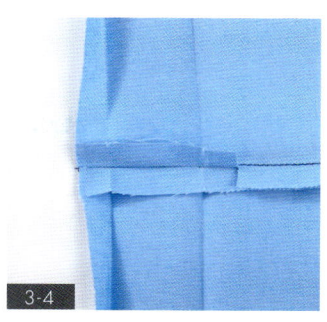
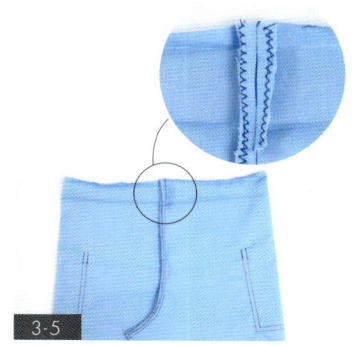

손톱 다림질로 밑위의 시접을 한쪽 방향으로 접습니다. 앞쪽의 시접은 왼쪽 팬츠 쪽으로, 뒤쪽의 시접은 오른쪽 팬츠 쪽으로 접습니다.

고무줄 끼울 구멍의 1cm 밑에서 시접에 가위집을 냅니다(바늘땀의 0.1cm 앞까지).

고무줄 끼울 구멍의 시접을 가릅니다.

밑위의 시접을 2장 한꺼번에 지그재그 박기 해 처리합니다(고무줄 끼울 구멍의 양쪽은 1장이 됩니다).

손톱 다림질(손빗)이란?
손가락이나 손톱으로 원단을 눌러주어 간단하게 접음선을 내거나 시접을 접는 것.

4 밑아래를 박는다

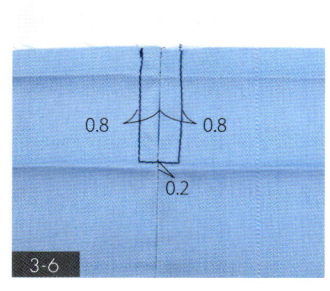

고무줄 끼울 구멍 주위를 재봉 스티치합니다.

앞뒤의 밑아래를 겉끼리 맞대어(맞댄 지점의 시접은 서로 다른 방향으로 접습니다) 한쪽 밑단에서 반대쪽 밑단까지 이어서 봉제합니다. 시접은 2장 한꺼번에 지그재그박기로 처리하고, 앞 팬츠 쪽 시접은 한쪽 방향으로 접습니다.

5 허리와 밑단을 박는다

허리와 밑단 등 원통 모양을 이루는 부분의 두 번 접어박기는, 팬츠를 겉으로 뒤집어 안쪽에서 봉제합니다.

Point 한쪽 방향으로 접는 시접을 두 번 접을 때

안쪽에 숨겨지는 부분만 반대쪽으로 비틀어 돌린 다음 두 번 접기 합니다.

시접이 겹쳐지는 부분이 부드럽게 정리되어, 봉제하기도 쉽고 보기에도 깔끔하게 마무리됩니다.

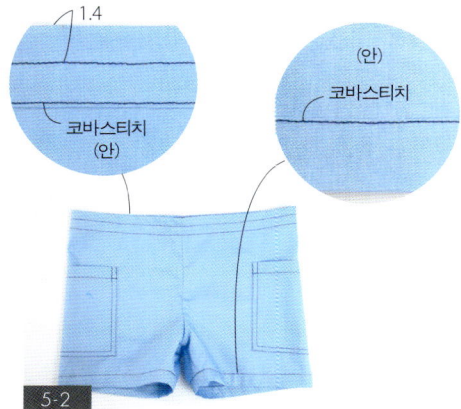

허리와 밑단을 두 번 접기 할 때 각각 코바스티치를 하고, 그다음 허리 한가운데 부분에 재봉 스티치를 해줍니다.

6 리본을 달고 고무줄을 끼운다

리본의 양 끝에 풀림 방지액을 바르고, M자 모양으로 잡습니다.

오른쪽 끈을 왼쪽 끈 위로 교차해 뒤쪽으로 넘긴 다음, 고리 안을 통과시키고 묶습니다.

팬츠 앞쪽에 묶은 리본을 봉제해 고정시키고, 허리에 고무줄을 2줄 끼웁니다(29쪽 참고).

Lesson 2

B 개더 스커트

(20쪽) 실물 크기 패턴 C면

재료
※ 치수는 왼쪽부터 100/110/120/130cm
겉감 (붉은색 브로드클로스)
　　110cm 폭 x 90/95/100/110cm
폭 2.5cm 고무줄 … 46/49/52/55cm

봉제 순서
1　원단을 재단하고, 시접 다림질하기
2　스커트 원단을 겉끼리 맞대어 양옆 박기
3　옆단의 시접을 쌈솔로 처리하기
4　허리와 밑단을 두 번 접어박기

재단 배치도
※ 원단 겉면에 패턴을 배치해 재단한다
※ 따로 표시해둔 부분 이외의 시접은 1cm
※ 치수는 위에서부터 100/110/120/130cm

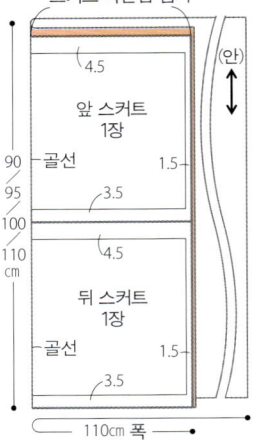

1 원단을 재단하고, 시접을 다림질한다

1-1　재단 배치도를 참고해 패턴 주변에 시접을 넣은 다음 재단합니다.

1-2　허리의 시접은 다리미로 두 번 접기 합니다. 1cm 접고, 그 다음 3.5cm를 접습니다.

1-3　밑단의 시접은 다리미를 이용해 같은 너비로 두 번 접기 합니다. 먼저 완성선에서 3.5cm 접고, 원단 끝을 그 접음선에 맞춰 반으로 접습니다.

Point
시접의 다림질 처리는 맞대어 박기 전 평평한 상태에서 하는 것이 효율적입니다. 다리미 시접자를 사용하는 것도 추천!

2 스커트 원단을 겉끼리 맞대어 양옆을 박는다

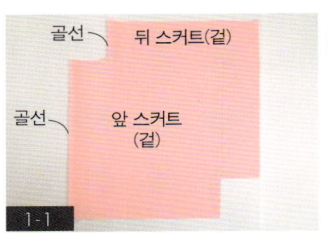
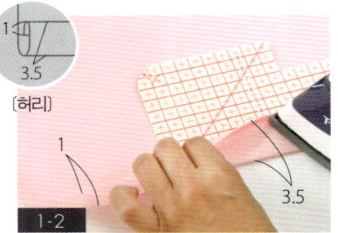
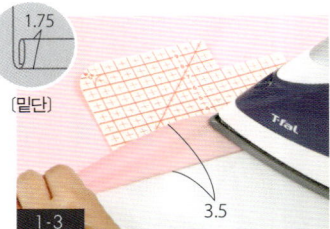

왼쪽 옆단의 허리 부분에는 고무줄 끼울 구멍을 남겨둡니다.

★ 재봉틀 봉제 요령
긴 거리를 박을 때는 양손으로 원단을 앞뒤로 팽팽히 당겨주면서 박으세요!

스커트 원단 2장을 겉끼리 맞대어 원단 끝에서 1.5cm 부분을 박습니다.

3 옆단의 시접을 쌈솔로 처리한다

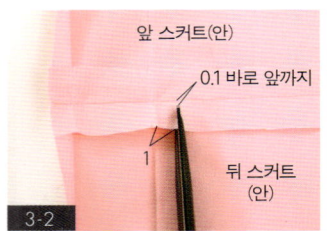
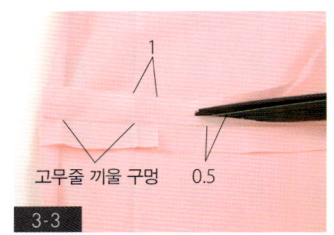
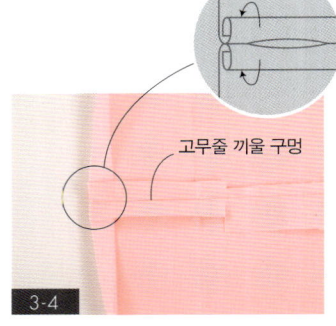

3-1　양옆의 시접을 다리미로 가릅니다.

3-2　고무줄 끼울 구멍 바로 밑 1cm의 시접에 가위집을 냅니다.

3-3　반대쪽(위쪽) 시접은 밑단에서 고무줄 끼울 구멍 바로 1cm 전까지, 시접을 0.5cm 남기고 잘라냅니다.

3-4　고무줄 끼울 구멍 부분의 시접은 안쪽으로 접어 넣습니다.

3-5
아래쪽 시접(잘라내지 않은 부분)을 옆단의 봉제선에 맞춰서 반으로 접습니다.

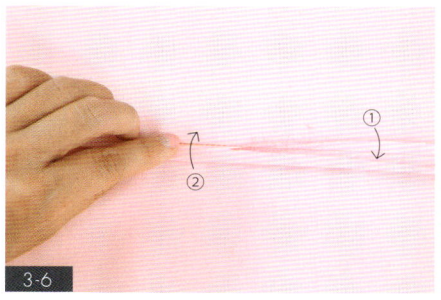

3-6
0.5cm 남기고 잘라낸 시접을, 반으로 접어 접음선을 낸 아래쪽 시접으로 감쌉니다.

3-7
시접을 시침핀으로 고정시킵니다. 이때, 아래의 스커트 원단까지 뜨지 않도록 자 등을 사이에 끼워두면 좋습니다.

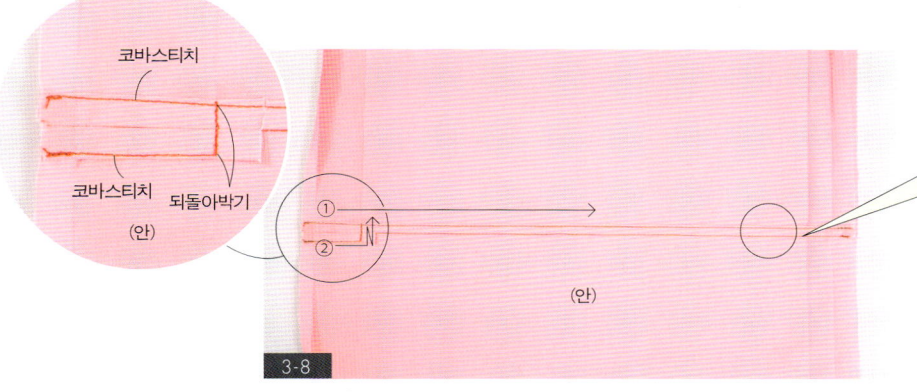

3-8
시접의 접음선에 코바스티치를 합니다. 먼저 허리에서 밑단까지 박고, 이어서 고무줄 끼우는 구멍의 남겨둔 끝단을 박습니다. 옆단 위에 걸치는 부분은 되돌아박기 합니다. 반대쪽 옆단 부분도 같은 방법으로 처리합니다.

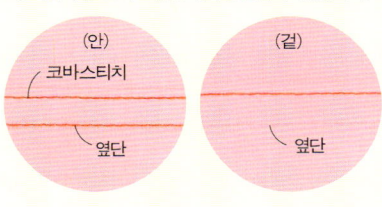

쌈솔로 완성!
지그재그박기를 할 필요 없이 시접도 산뜻하게 마무리됩니다. 안쪽도 깔끔하게 정돈할 수 있습니다.

코바스티치란?
밑단이나 접음선 끝에서 0.1~0.2cm 안쪽에 들어가는 재봉 스티치.

4 허리와 밑단을 두 번 접어박기 한다

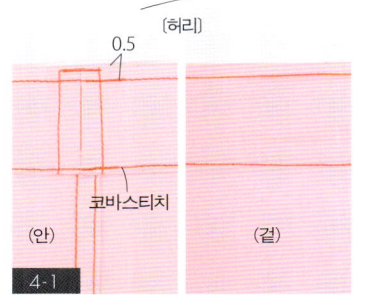

4-1
허리 쪽을 두 번 접어 시침핀으로 고정하고, 스커트 입구의 밑단에서 0.5cm 부분에 재봉 스티치를 합니다. 그다음 시접의 접음선을 코바스티치로 눌러줍니다.

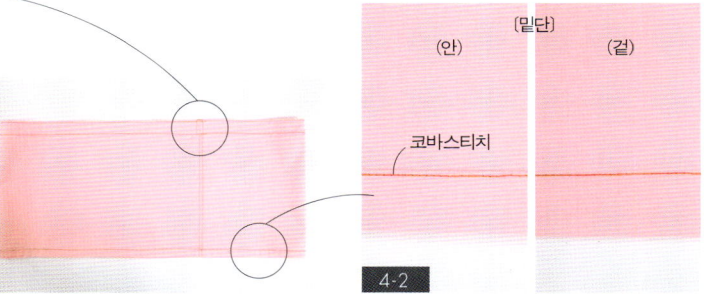

4-2
밑단의 시접을 두 번 접기 해, 접음선에 코바스티치를 합니다.

4-3
고무줄을 끼우고, 고무줄 끝을 1.5cm 겹쳐박습니다.

C 절개 스커트

언제든 편하게 입을 수 있는, 실루엣이 너무 넓게 퍼지지 않는 고무줄 스커트. 주머니도 달려있어 유치원이나 학교 통학 때에도 입히기 좋아요. 원단은 속이 비치지 않을 정도의 두께라면 얇은 원단부터 두꺼운 원단까지 다양하게 사용해 만들 수 있습니다. 허리 부분은 조절하기 쉬운 더블 고무줄을 사용합니다. 이 작품도 작품 B(20쪽)의 스커트와 마찬가지로 시접을 쌈솔로 처리하므로, 직선 봉제만으로 안쪽까지 깔끔하고 튼튼하게 완성할 수 있습니다.

How to make P.28 (Lesson3)

D 티어드 스커트

생기발랄한 여자아이를 위한 속바지까지 붙어있는 스커트. 볼륨감을 눌러주는 주름이 있어 평상복에서부터 외출복까지 훌륭하게 소화할 수 있습니다. 주름을 잡기 쉽도록 겉면이 평평한 원단을 쓰는 게 좋아요. 팬츠 부분은 스커트와 다른 원단으로 만들어도 됩니다. 앞면의 중심에는 앞뒤를 구분할 수 있게 리본을 붙여줘도 좋습니다.

How to make P.30 (Lesson4)

Lesson 3

C

절개 스커트

(26쪽) 실물 크기 패턴 B면

재료
※ 치수는 왼쪽부터 100/110/120/130cm
겉감 (코코아색 코듀로이)
　110cm 폭 x 85/90/95/100cm
고무줄 (8골) … 40/43/46/49cm 2줄

봉제 순서
1　원단을 재단하고, 시접 다림질하기
2　앞 옆단에 주머니 달기
3　앞 스커트에 앞 옆단을 맞대어 박기
4　양 옆단 박기
5　허리와 밑단 처리하기

재단 배치도
※ 원단 겉면에 패턴을 배치해 재단한다
※ 따로 표시해둔 부분 이외의 시접은 1cm
※ 치수는 위에서부터 100/110/120/130cm

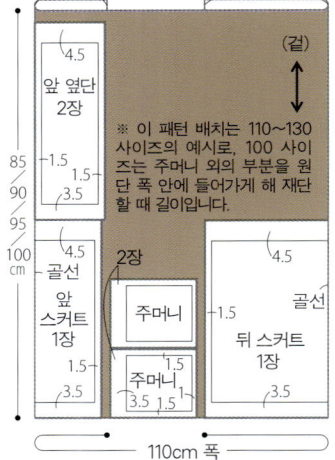

1　원단을 재단하고, 시접을 다림질한다

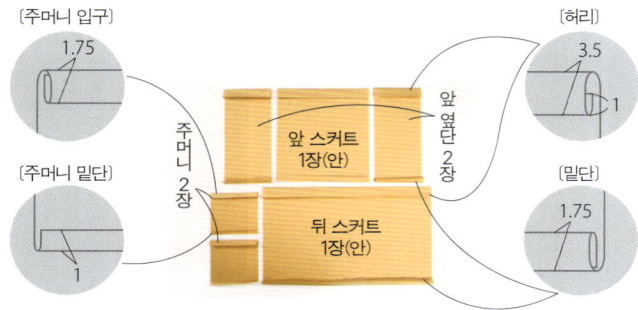

패턴 주변에 시접을 넣어 원단을 재단하고, 주머니를 달 위치를 송곳으로 표시한 다음 허리와 밑단, 주머니 입구와 주머니 밑단의 시접을 다림질합니다.

2　앞 옆단에 주머니를 단다

2-1
주머니 입구를 두 번 접기한 후 코바스티치를 합니다(17쪽 참고).

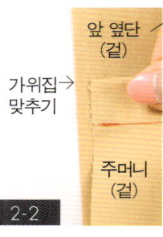
2-2
앞 옆단의 가위집에 맞춰서 주머니를 시침핀으로 고정하고, 주머니 밑단을 코바스티치합니다.

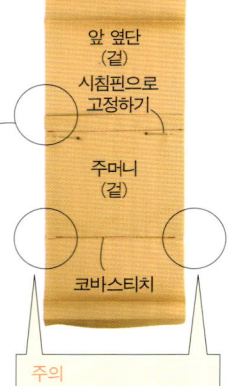

주의
나중에 쌈솔로 마무리할 수 있도록, 양 끝 1cm를 박지 말고 남겨두세요.

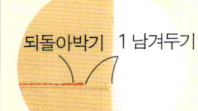
되돌아박기　1 남겨두기

3　앞 스커트에 앞 옆단을 맞대어 박는다

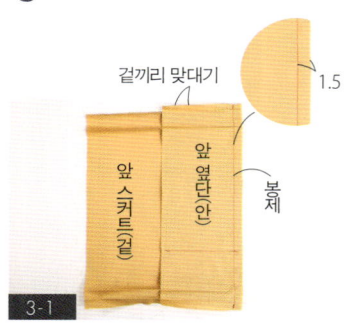
3-1
앞 스커트와 앞 옆단을 겉끼리 맞대어, 원단 끝에서 1.5cm 부분을 박습니다.

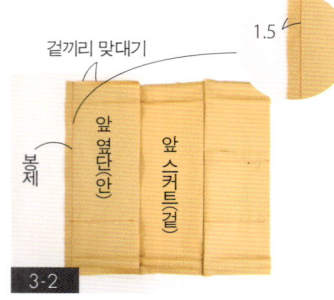
3-2
나머지 1장의 앞 옆단도 반대쪽에 같은 방법으로 박습니다.

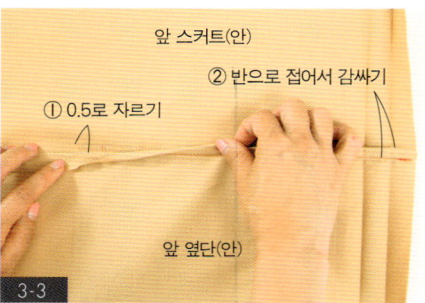
3-3
시접을 가르고, 한쪽(앞 스커트)의 시접을 0.5cm 남겨두고 잘라냅니다. 나머지 한쪽(앞 옆단)의 시접은 반으로 접어 접음선을 낸 다음 짧은 쪽의 시접을 감싸 시침핀으로 고정합니다.

Point
시접은 쌈솔로 처리합니다(18쪽 참고). 스티치를 할 쪽의 시접을 0.5cm 남겨두고 잘라냅니다.

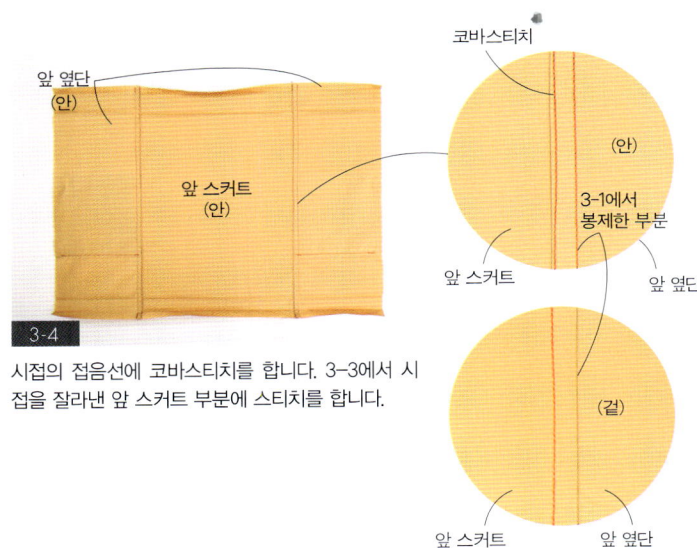

4 양 옆단을 박는다

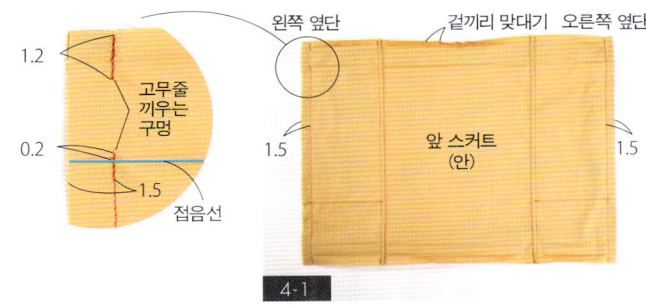

앞 스커트와 뒤 스커트를 겉끼리 맞대어 양 옆단을 박습니다. 왼쪽 옆단을 박을 때 고무줄 끼울 구멍은 남겨둡니다.

시접의 접음선에 코바스티치를 합니다. 3-3에서 시접을 잘라낸 앞 스커트 부분에 스티치를 합니다.

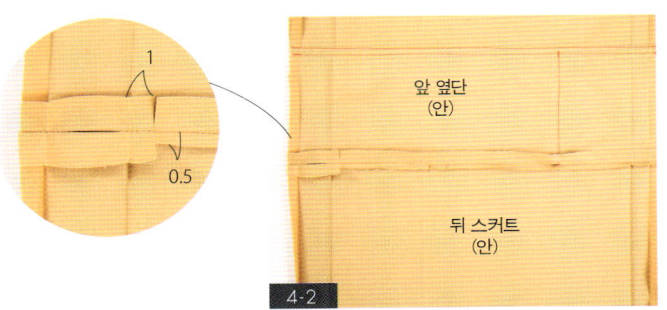

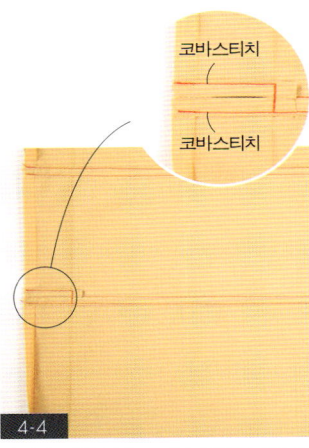

Point
스커트가 둥근 형태로 이어지므로, 사이에 자를 끼워두면 시침핀을 꽂기 쉬워집니다.

시접을 가르고, 한쪽(뒤 스커트) 시접을 0.5cm 남겨두고 잘라냅니다. 반대쪽(앞 옆단) 시접에는 고무줄 끼울 구멍의 1cm 아래에 가위집을 냅니다.

3-3과 마찬가지로 시접을 감싸서 시침핀으로 고정합니다. 고무줄 끼울 구멍의 양 옆은 안쪽으로 접어 넣습니다(22쪽 참고).

시접의 접음선에 코바스티치를 합니다(25쪽). 옆선의 쌈솔한 스티치는 뒤 스커트 쪽에 넣습니다.

5 허리와 밑단을 처리한다

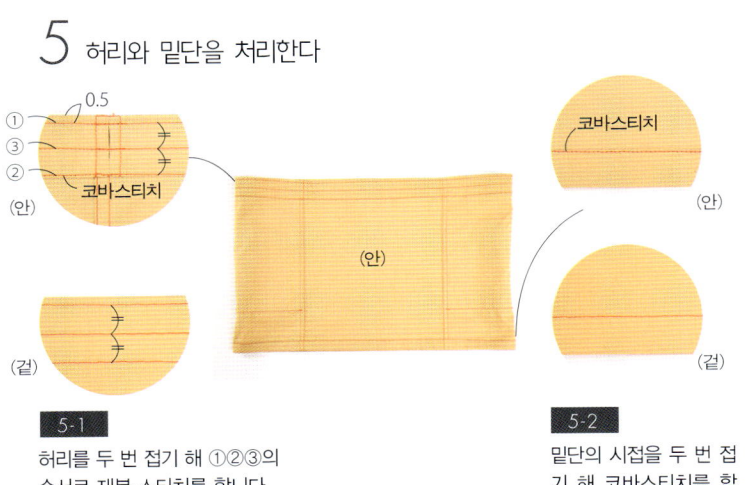

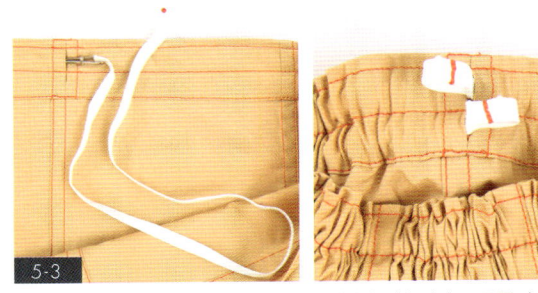

5-1 허리를 두 번 접기 해 ①②③의 순서로 재봉 스티치를 합니다.

5-2 밑단의 시접을 두 번 접기 해 코바스티치를 합니다(23쪽 참고).

5-3 고무줄을 2줄 끼우고, 고무줄 끝을 1cm 겹쳐서 박습니다. 고무줄이 가늘 경우 손바느질로 합니다.

Lesson 4

D
티어드 스커트

(27쪽) 실물 크기 패턴 A면

재료
※ 치수는 왼쪽부터 100/110/120/130cm
겉감 (청녹색 브로드클로스)
　　110cm 폭 × 100/110/120/130cm
고무줄 (8골) … 40/43/46/49cm 2줄
2cm 폭의 양쪽이 접힌 바이어스테이프 … 22cm (공통)

봉제 순서
1. 원단을 재단하고, 시접 다리미질하기
2. 팬츠 만들기
3. 주름을 잡고 스커트의 상·중·하단 연결하기
4. 스커트의 양옆 박기
5. 팬츠와 스커트를 맞대어 박기
6. 허리와 밑단 처리하기
7. 리본을 달고 고무줄 끼우기

재단 배치도
※ 원단 겉면에 패턴을 배치해 재단한다
※ 따로 표시해둔 부분 이외의 시접은 1cm
※ 치수는 위에서부터 100/110/120/130cm

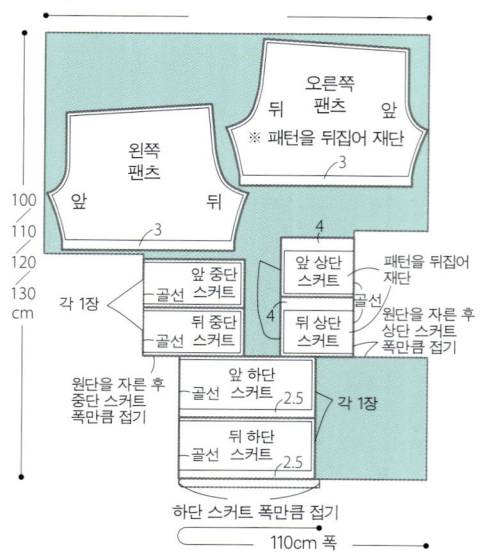

1 원단을 재단하고, 시접을 다림질한다

패턴에 시접을 넣어 원단을 재단하고, 가위집을 냅니다. 허리와 밑단의 시접을 다리미로 접어둡니다. 팬츠는 밑단만 다림질합니다.

2 팬츠를 만든다

22~23쪽을 참고해서 팬츠를 만듭니다. 주머니와 고무줄 끼우는 구멍 없이, 허리 밑단 처리는 아직 하지 않습니다.

3 주름을 잡아 스커트의 상·중·하단을 연결한다

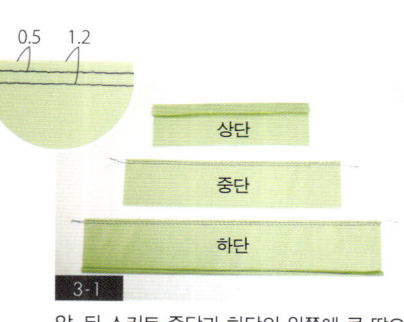

3-1
앞·뒤 스커트 중단과 하단의 위쪽에 큰 땀으로 성기게 두 줄(주름박기) 박아줍니다.

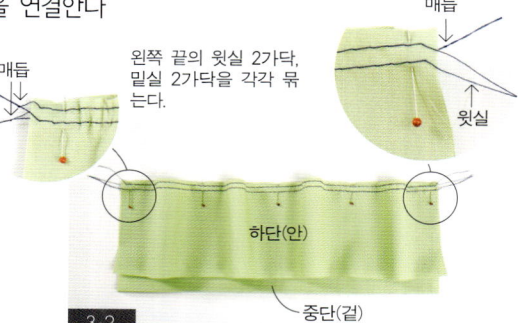

3-2
스커트 하단과 중단을 겉끼리 맞대고, 가위집을 똑같이 맞춰 시침핀으로 고정합니다.

주의! 너무 강하게 잡아당기면 실이 끊어져버리므로, 조금씩 오른쪽에서 왼쪽으로 주름을 옮겨가며 잡아주세요.

3-3
오른쪽 끝의 윗실 2가닥을 함께 잡아당겨, 스커트 중단 길이에 맞춰 하단에 주름을 잡습니다.

Point 주름박기의 사이사이를 잘 박을 수 있다. 주름의 각 잔주름들을 송곳으로 눌러주면서 박으면 좋아요.

3-4
왼쪽 끝에서 1cm 부분을 박습니다. 스커트 상단도 같은 방법으로 맞대어 박습니다.

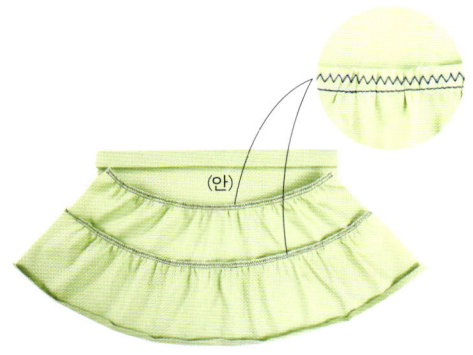

3-5
주름박기한 실을 모두 제거하고, 시접을 지그재그박기로 처리합니다.

3-6
다리미로 시접을 위쪽으로 접고(한쪽으로 접기), 시접을 눌러줄 수 있도록 겉면에서 코바스티치를 합니다. 뒤 스커트도 같은 방법으로 만듭니다.

Point
양손으로 스커트 원단을 좌우로 팽팽히 당겨주면서 박으면 바늘땀이 뜨지 않고 깔끔하게 스티치가 들어갑니다.

4 스커트의 양옆을 박는다

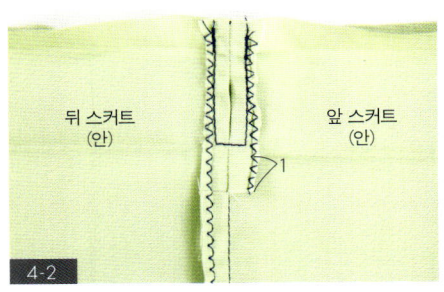

4-1
앞 스커트와 뒤 스커트를 겉끼리 맞대어 양옆을 박습니다. 왼쪽 옆에는 고무줄 끼우는 구멍을 남겨둡니다.

4-2
고무줄 끼울 구멍의 1cm 아래(앞면)에 가위집을 낸 다음, 시접을 가르고, 지그재그박기를 합니다. 고무줄 끼울 부분 이외의 시접은 뒤쪽으로 접습니다(한쪽으로 접기).

5 팬츠와 스커트를 맞대어 박는다

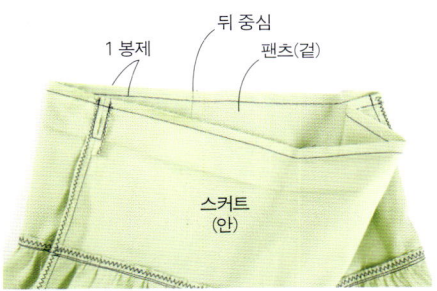

스커트 안쪽에 팬츠를 넣고, 스커트(겉)와 팬츠(안)을 맞대어 원단 끝에서 1cm 부분을 박습니다.

6 허리와 밑단을 처리한다

허리와 밑단을 두 번 접기한 접음선에 각각 코바스티치를 하고, 허리에는 한가운데에 재봉 스티치를 합니다.

7 리본을 달고 고무줄을 끼운다

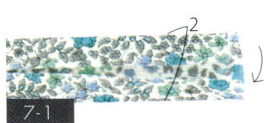

7-1
양쪽이 접힌 바이어스테이프 22cm를 반으로 접습니다.

7-2
가장자리를 코바스티치로 눌러주고, 양 끝에 풀림 방지액을 바릅니다(9쪽 참고).

7-3
리본을 묶어(23쪽 참고) 앞쪽에 봉제해 고정합니다. 마지막에 고무줄을 2줄 끼웁니다(29쪽 참고).

E-1 크롭트 팬츠

남자아이에게도 여자아이에게도 잘 맞는 크롭트 팬츠는 쭈그리고 앉아도 등이 잘 드러나지 않고, 착용감이 좋은 실루엣이 특징입니다. 절개 주머니가 달려있어 통원·통학 시에 입기에도 좋아요. 앞섶은 재봉틀을 이용해 스티치를 넣는 것만으로도 완성! 허리 부분은 원단 식서를 이용해 깔끔하게 마무리할 수 있도록 고안했습니다. 트윌이나 데님, 코듀로이 등 일반 원단부터 두꺼운 원단을 쓰는 게 좋습니다. 102쪽에 다른 색상의 코디네이션을 소개하고 있습니다.

How to make P.34 (Lesson 5)

F-1 반바지

일 년 내내 유용한 남자아이용 반바지. 트윌이나 데님, 코듀로이 등 일반 원단부터 두꺼운 원단까지 잘 어울립니다. 앞이나 뒷주머니는 모두 겉주머니 방식으로, 초보자 분들이 만들기에도 좋습니다. 이 작품도 작품 E-1 팬츠와 마찬가지로 허리 부분에 원단 식서를 이용해 간단하고 깔끔하게 완성할 수 있습니다. 재단 부분이 적기 때문에 무늬 원단으로 도전해봐도 좋습니다.

How to make P.37 (Lesson6)

Lesson 5
E-1
크롭트 팬츠
(32쪽) 실물 크기 패턴 A면

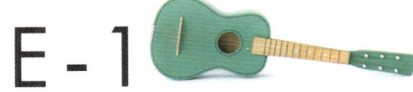
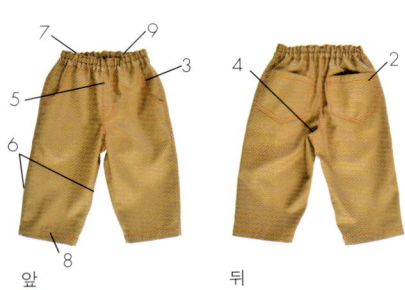

앞 뒤

재료
※ 치수는 왼쪽부터 100/110/120/130cm
겉감 (컬러 트윌) 150cm 폭 x 70/75/80/80cm
고무줄 (8골) … 40/43/46/49cm 2줄

봉제 순서
1 원단을 재단하고, 시접 다림질하기
2 뒤 팬츠에 주머니 달기
3 앞 팬츠에 주머니 달기
4 뒤 팬츠 밑위 박기
5 앞 팬츠에 안단을 대어 밑위 박기
6 양옆과 밑아래 박기
7 허리 벨트 달기
8 밑단을 두 번 접어 처리하기
9 고무줄 끼우기

재단 배치도
※ 원단 겉면에 패턴을 배치해 재단한다
※ 따로 표시해둔 부분 이외의 시접은 1cm
※ 치수는 위에서부터 100/110/120/130cm

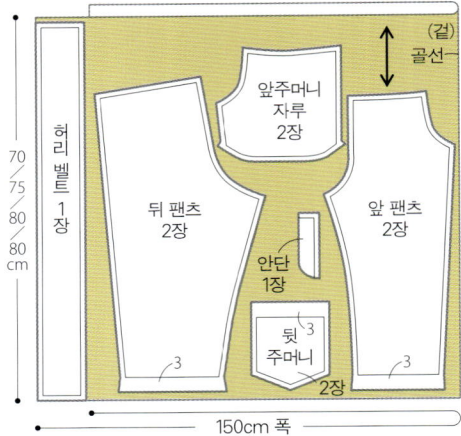

1 원단을 재단하고, 시접을 다림질한다

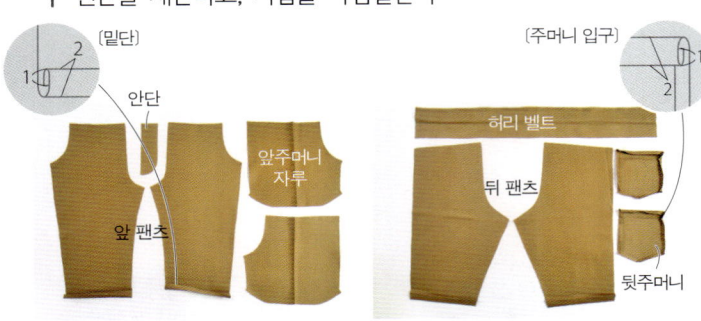

패턴에 시접을 넣고 원단을 재단한 다음 가위집을 냅니다. 앞·뒤 팬츠의 밑단과 주머니의 시접을 다리미로 접고, 허리 벨트는 반으로, 앞주머니 자루는 위아래의 가위집을 맞춰 겉끼리 맞대어 접습니다.

2 뒤 팬츠에 주머니를 단다

Point
두께가 있는 원단의 봉제를 시작할 때 바늘이 잘 들어가지 않는다면, 노루발이 수평이 되도록 여분 원단(필요 없는 원단)을 잘 접어 두께를 같게 만듭니다)부터 봉제를 시작해 박아나간 다음 나중에 그 사이 실을 자르면 됩니다.

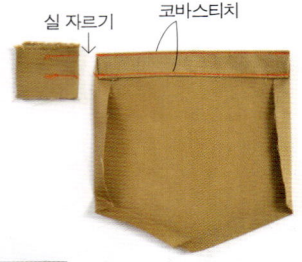

2-1 주머니 입구를 두 번 접기 해 코바스티치를 두 줄 박습니다(취향에 따라 네임라벨을 붙여도 됩니다).

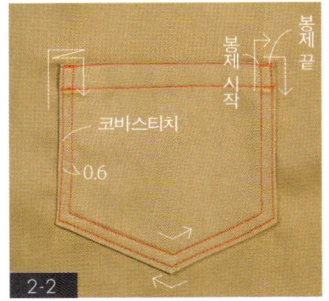

Point
봉제를 시작할 때와 끝마칠 때는 겹쳐 박기를 합니다(17쪽 참고).

2-2 뒤 팬츠의 맞춤점에 맞춰 주머니를 시침 핀으로 고정하고, 더블스티치로 봉제합니다(취향대로 네임텍을 끼웁니다).

3 앞 팬츠에 주머니를 단다

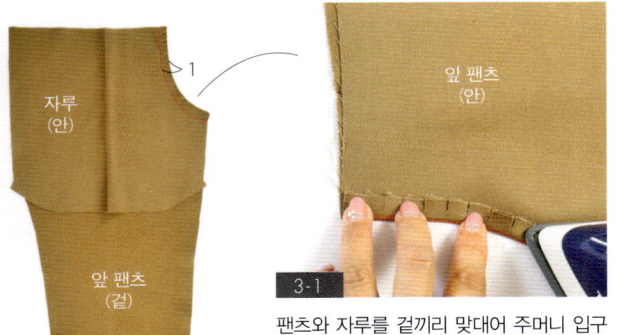

3-1 팬츠와 자루를 겉끼리 맞대어 주머니 입구를 박고, 시접에 가위집을 냅니다. 시접은 다리미를 이용해 팬츠 쪽으로 접습니다.

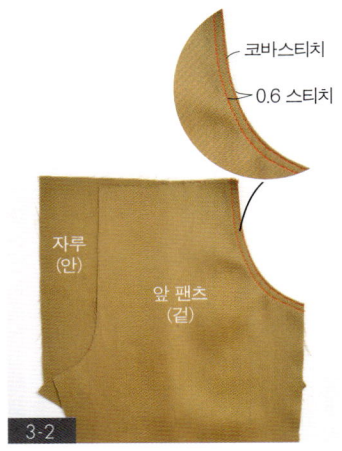

3-2 앞 팬츠와 자루를 겉으로 뒤집은 다음, 주머니 입구에 더블스티치를 합니다(코바스티치를 한 다음 0.6cm 폭으로 스티치).

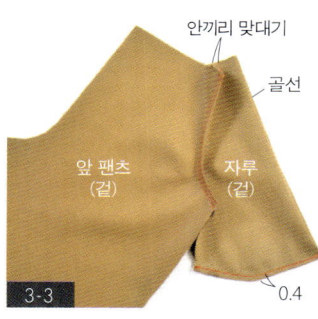

3-3
자루를 안끼리 맞대어 반으로 접고, 자루의 밑에서 0.4cm 부분을 봉제합니다.

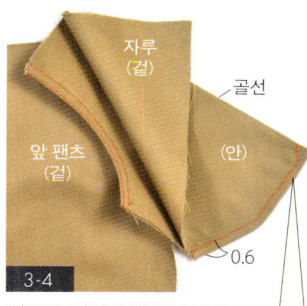

3-4
자루를 겉끼리 맞대어 다시 접고, 자루의 밑에서 0.6cm 부분을 박습니다(3의 바늘땀과 시접이 안 보이게 됩니다 → 통솔).

Point
주머니 자루의 모서리는 사선으로 박으면 먼지(보풀) 등을 빼내기 쉬워집니다.

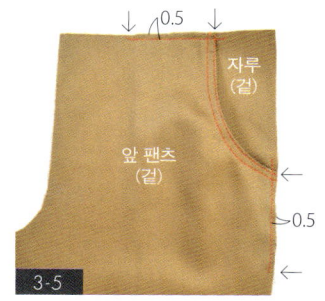

3-5
가위집에 맞춰 주머니 자루를 정돈하고, 끝에서 0.5cm 위치를 봉제해 고정합니다.

4 뒤 팬츠의 밑위를 박는다

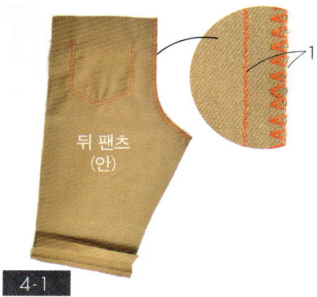

4-1
뒤 팬츠 2장을 겉끼리 맞대어 밑위를 박고, 시접을 지그재그박기로 처리합니다.

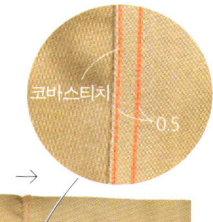

4-2
시접은 오른쪽 팬츠 쪽(화살표 방향)으로 접은 다음, 더블스티치(코바스티치와 0.5cm 폭의 스티치)를 해 시접을 눌러줍니다.

5 앞 팬츠에 안단을 대고 밑위를 박는다

5-1
안단의 곡선 부분에 지그재그박기를 합니다.

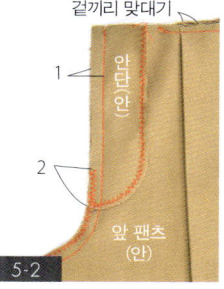

5-2
앞 팬츠 2장을 겉끼리 맞댄 상태에서 안단을 위 사진처럼 겹쳐놓고, 밑위를 함께 박습니다. 시접은 안단 끝의 2cm 부분에서 밑까지 지그재그박기로 처리합니다.

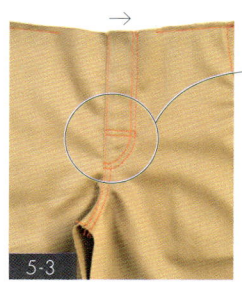

5-3
시접과 안단을 왼쪽 팬츠 쪽(화살표 방향)으로 다리미를 이용해 접고, 안단과 시접을 스티치로 눌러줍니다.

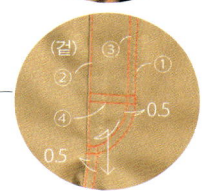

① 안단의 가장자리에서 0.5cm 안쪽(지그재그박기 부분만)을 안에서 스티치
②③은 허리에서 밑의 교차점까지 겉에서 스티치
④는 겉에서 더블스티치

6 양옆과 밑아래를 박는다

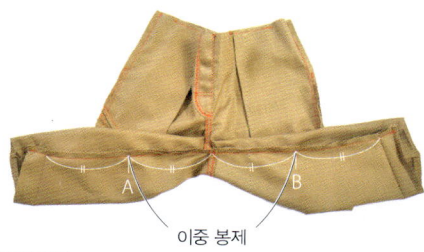

6-1
앞 팬츠와 뒤 팬츠를 겉끼리 맞대어 양옆과 밑아래를 박습니다. 밑아래의 길이를 약 2등분한 A~B 사이를 이중 봉제(봉제선의 바로 위를 한 번 더 봉제)해 보강합니다.

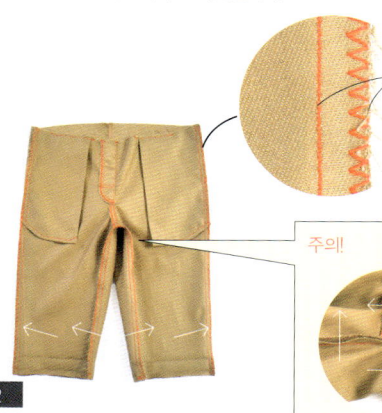

6-2
시접은 지그재그박기로 처리합니다. 양옆의 시접은 뒤 팬츠 쪽으로, 밑아래의 시접은 앞 팬츠 쪽으로 접습니다.

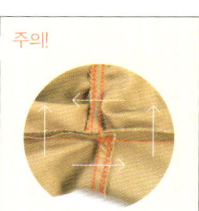

주의!
밑아래의 교차점은 앞·뒤 팬츠의 시접이 서로 엇갈리게 맞춰 봉제하세요.

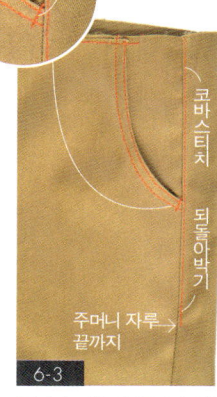

6-3
주머니 자루의 끝까지 옆선에 코바스티치를 해서 시접을 눌러줍니다. 앞주머니 입구의 옆쪽은 겉에서 되돌아박기 해 보강합니다.

7 허리 벨트를 단다

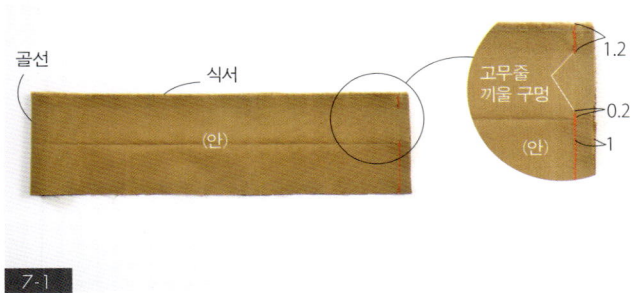
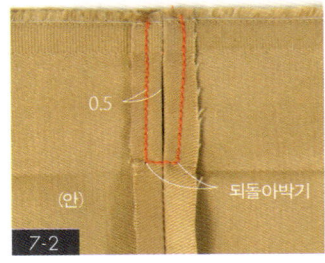
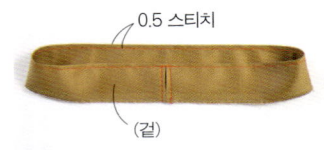

7-1 허리 벨트의 양 끝을 겉끼리 맞대어 식서 쪽에 고무줄 끼울 구멍을 남기고 박습니다.

7-2 시접을 다리미로 가르고, 고무줄 끼울 구멍 주변에 스티치를 합니다.

7-3 허리 벨트를 안끼리 맞대어 접고, 허리의 가장자리에서 0.5cm 안쪽에 스티치를 합니다.

> **Point**
> 원단의 식서를 이용하므로, 두 번 접기 해 밑단을 처리할 필요가 없어 간단할 뿐 아니라, 허리 부근이 깔끔하게 정돈됩니다.

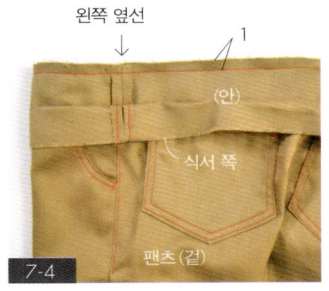

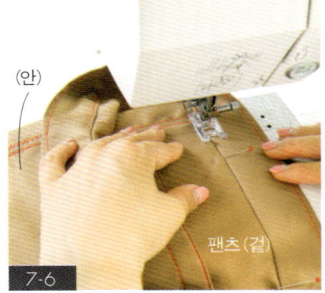

7-4 팬츠와 허리 벨트의 겉쪽(식서 반대쪽)을 겉끼리 맞대어 박습니다. 고무줄 끼울 구멍은 팬츠의 왼쪽 옆선에 맞춥니다.

7-5 허리 벨트를 팬츠의 안쪽으로 뒤집고, 허리 벨트의 원단 끝을 늘린 채로 겉쪽에서 시침핀으로 고정합니다.

7-6 겉에서(안쪽을 보면서) 허리 벨트에 코바 스티치를 합니다. 봉제를 시작할 때와 끝마칠 때는 겹쳐박기 합니다(사진 아래 참고).

7-7 허리 벨트의 중앙에도 마찬가지로 스티치를 합니다.

8 밑단을 두 번 접기 해 처리한다

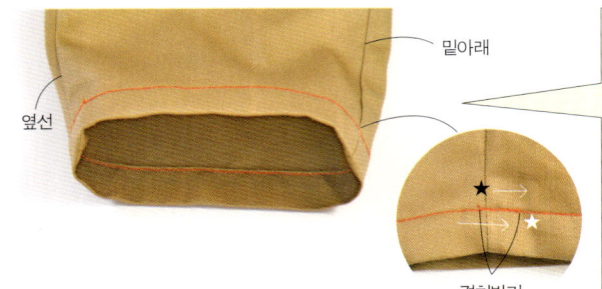

밑단을 두 번 접기(25쪽 참고)해 코바스티치합니다. 봉제를 시작할 때와 끝마칠 때는 겹쳐박기 합니다.

★ 봉제 시작
☆ 봉제 끝

> **Point**
> 밑단이나 소맷부리 등 작은 원통 모양을 박을 때는 안쪽을 보면서 봉제하는 것이 좋습니다.

9 고무줄을 끼운다

9-1 허리에 고무줄 2줄을 끼웁니다(29쪽 참고).

Lesson 6
F-1
반바지 응용편
(33쪽) 실물 크기 패턴 C면

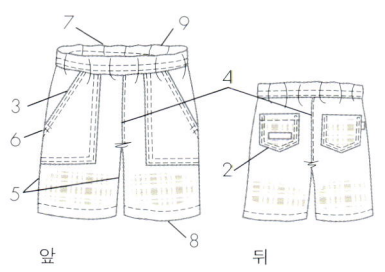

재료
※ 치수는 왼쪽부터 100/110/120/130cm
겉감 (체크무늬) 110cm 폭 x 80/85/85/90cm
고무줄 (8골) … 40/43/46/49cm 2줄

봉제 순서
1. 원단을 재단하고, 시접 다림질하기
2. 뒤 팬츠에 주머니 달기(34쪽 참고)
3. 앞 팬츠에 주머니 달기
4. 앞·뒤 팬츠의 밑위 박기
5. 양옆과 밑아래 박기(35쪽 참고)
6. 앞주머니 위치에 스티치하기(119쪽 참고)
7. 허리 벨트 달기(36쪽 참고)
8. 밑단을 두 번 접어 처리하기(36쪽 참고)
9. 고무줄 끼우기

재단 배치도
※ 원단 겉면에 패턴을 배치해 재단한다
※ 따로 표시해둔 부분 이외의 시접은 1cm
※ 치수는 위에서부터 100/110/120/130cm

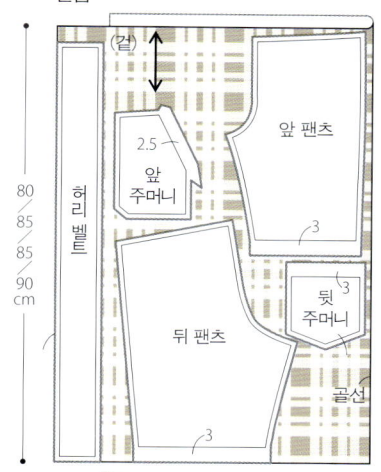

3 앞 팬츠에 주머니를 단다

앞주머니는 주머니 입구를 같은 너비로 두 번 접기 하고, 옆과 허리 쪽 외의 부분을 한 번 접어 다리미로 접음선을 냅니다.

앞주머니의 주머니 입구에 코바스티치를 2줄 합니다.

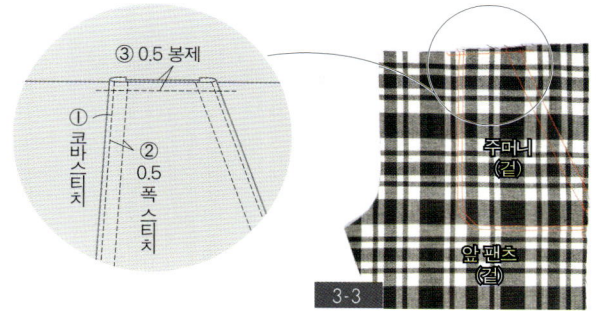

앞 팬츠의 겉에 주머니를 겹쳐, 그림의 ① ② ③ 순서대로 스티치를 해 고정합니다.

4 앞·뒤 팬츠의 밑위를 박는다

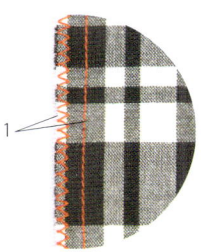

앞 팬츠를 겉끼리 맞대어 밑위를 박고, 시접은 지그재그박기로 처리합니다. 뒤 팬츠도 마찬가지로 박습니다.

시접은 왼쪽 팬츠 쪽(뒤 팬츠는 오른쪽 팬츠 쪽)으로 접고, 겉에서 코바스티치를 해 시접을 눌러줍니다.

F-2

 니커즈

남자아이에게도 여자아이에게도 추천하는 활동성 좋은 7부 기장 팬츠로 밑단에 고무줄을 넣은 니커즈 디자인입니다. 주머니는 초보자 분들도 간단히 만들 수 있는 겉주머니(33쪽 팬츠와 동일)입니다. 트윌이나 튼튼한 코튼, 코듀로이 등 너무 두껍지 않은 원단을 쓰는 것이 봉제하기도 수월하고 좋아요.

How to make P.118

※ 절개 블라우스는 작품 J-2(71쪽)의 패턴을 이용

E-2
 벌룬 팬츠

여자아이에게 인기 있는 주름이 귀여운 쇼트 팬츠입니다. 여름에는 팬츠 하나로, 추운 계절에는 레깅스와 부츠를 매치해 일 년 내내 활용할 수 있어요. 앞섶은 작품 E-1(32쪽) 팬츠와 마찬가지로, 스티치만으로 간단히 만들 수 있습니다. 허리 부분은 원단의 식서를 이용해, 간단하고도 깔끔하게 마무리하세요. 원단은 더운 계절은 컬러 리넨이나 얇은 트윌, 추운 계절에는 코듀로이 등을 추천합니다. 52쪽에서 여름 코디네이션을 소개합니다.

How to make P. 40

Process

E-2
벌룬 팬츠
(37쪽) 실물 크기 패턴 B면

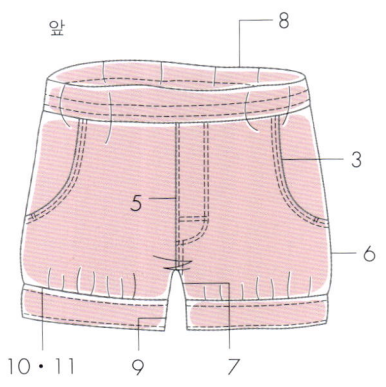

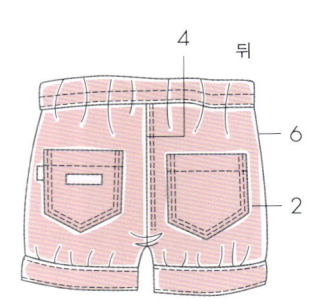

재료
※ 치수는 왼쪽부터 100/110/120/130cm
겉감 (보라색 컬러 리넨) 110cm 폭 x 75/75/80/80cm
접착심 (밑단 커프스 분) 90cm 폭 x 10cm
고무줄 (8골·허리 분) … 40/43/46/49cm 2줄

봉제 순서
1 원단을 재단하고, 시접 다림질하기
2 뒤 팬츠에 주머니 달기(34쪽 2 참고)
3 앞 팬츠에 앞주머니 달기(34쪽 3 참고)
4 뒤 팬츠의 밑위 박기(35쪽 4 참고)
5 앞 팬츠에 안단을 대고 밑위 박기(35쪽 5 참고)
6 옆단 박기
7 밑아래 박기
8 허리 벨트 달기(36쪽 7 참고)
9 밑단 커프스 박기
10 밑단을 큰 땀으로 박기
11 밑단에 커프스 달기
12 허리 벨트를 달고(36쪽 7 참고), 고무줄 끼우기

재단 배치도
※ 따로 표시해둔 부분 이외의 시접은 1cm
※ 치수는 위에서부터 100/110/120/130cm
※ 사선 부분(밑단 커프스)의 안쪽에 접착심을 붙인다

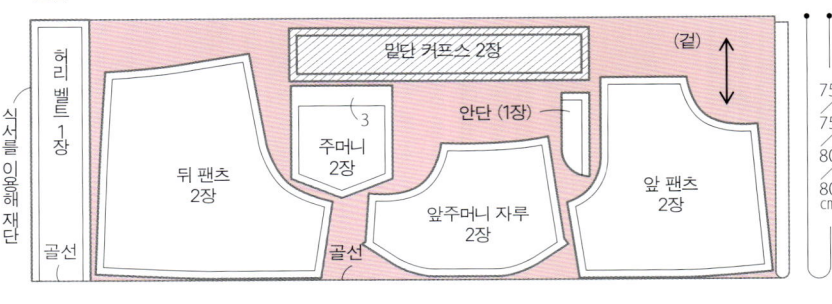

1 원단을 재단하고, 시접을 다림질한다

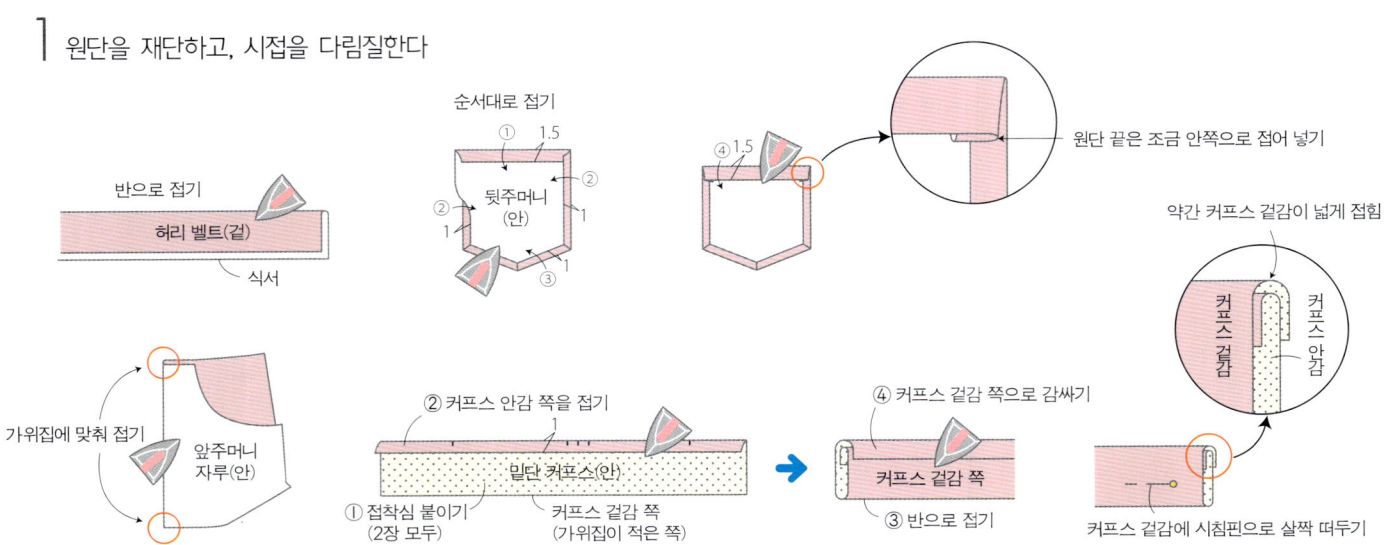

6 옆단을 박는다

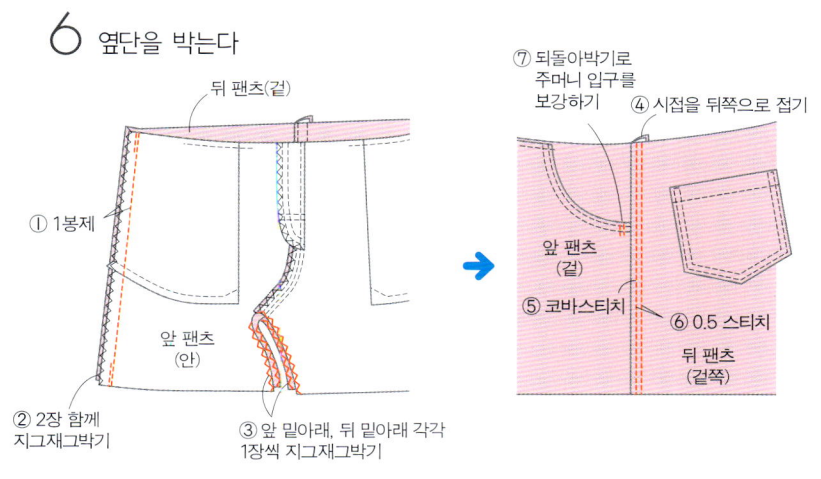

7 밑아래를 박는다

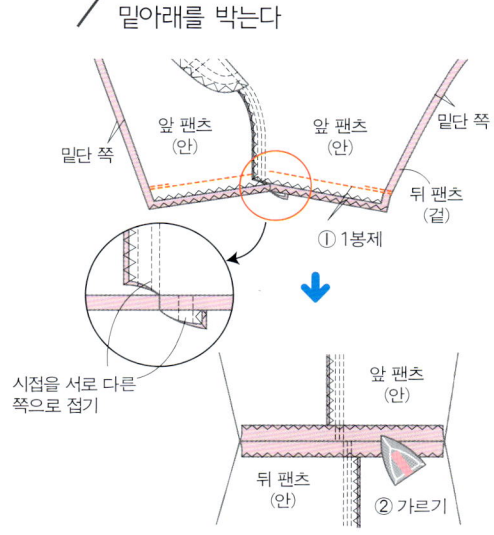

9 밑단 커프스를 박는다

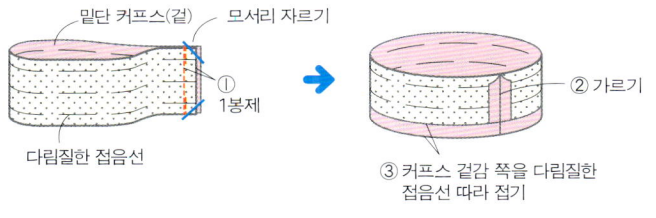

10 밑단을 큰 땀으로 박는다

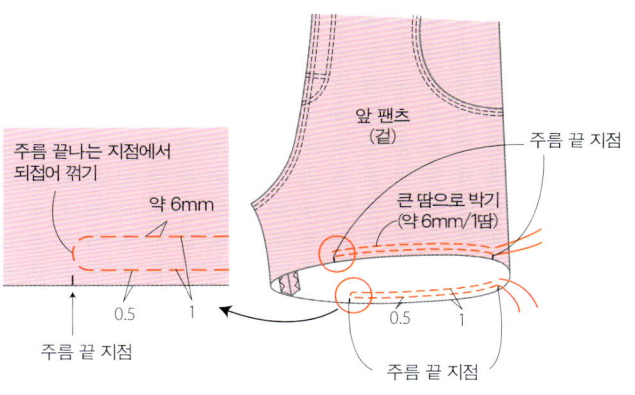

11 밑단에 커프스를 단다

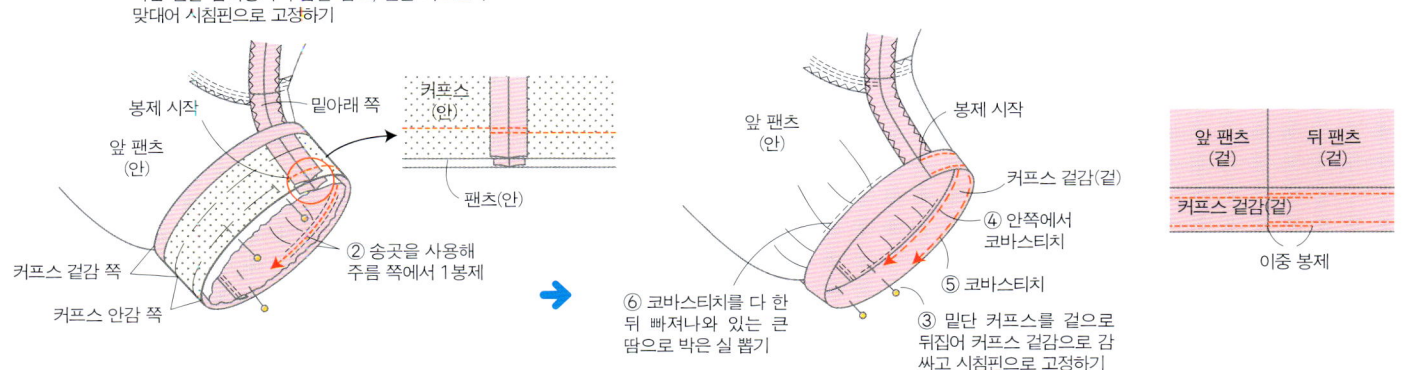

column 1
네임라벨 & 네임텍으로 옷에 포인트 주기!

네임라벨이란 이름이나 브랜드네임이 들어간 리본테이프를, 네임텍이란 브랜드의 마크나 로고 등이 들어간 반 접힌 형태의 테이프를 말합니다. 이 책에 수록된 작품에서도 옷의 포인트로써 활용하고 있습니다. 가로가 긴 네임라벨은 몸판의 뒤쪽이나 소매, 주머니 등에 달면 효과적으로, 재단 후 아직 평면 상태일 때 사방을 감싸는 느낌으로 코바스티치를 합니다. 네임텍은 몸판이나 주머니의 옆을 박을 때 끼워 넣기만 하면 간단히 달 수 있습니다. 주머니 등에는 네임라벨과 세트로 활용해도 귀엽습니다. 이름을 넣은 네임라벨도 몸판 옆이나 허리를 박을 때 끼워 넣는 식으로, 직접 만드는 아동복에 잘 어울립니다. 사이즈가 적힌 네임라벨이나 네임텍도 인기가 많습니다. 여기서는 저자가 운영하는 패턴 숍의 브랜드 로고가 들어간 것들을 소개하고 있지만, 그 외에도 여러 가지 타입이 시중에 판매되고 있고 오리지널 네임라벨을 만들 수도 있으니 원하는 것을 찾아서 꼭 한 번 활용해보세요.

직물 네임라벨 & 네임텍(고딕체 타입)
생기 있는 컬러의 원단에는 발색이 예쁜 로고 타입의 네임라벨이 어울립니다.

 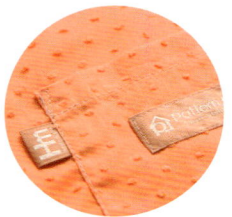   

직물 네임라벨 & 네임텍(필기체 타입)
내추럴 계열의 색상 원단에는 같은 계열 색상에서 밝은 톤을 맞춰서 부드럽고 세련된 분위기를 만듭니다.

이름 & 사이즈 네임텍
옆단이나 허리 부분 안쪽에 끼워 넣고 박는 타입과 양 끝을 박는 타입이 있습니다.
직접 만든 옷이라 사이즈 확인이 쉽지 않은 점을 보완해 사이즈 체크를 달아주는 것도 추천합니다.

스목, 캐미솔 & 원피스
Smock, Camisole & One-piece

G-1 긴 소매 스목

아이들이 놀 때 입기 좋은 스목으로 품이 적당히 여유 있어 활동하기 좋고, 진동둘레가 간단한 래글런 슬리브예요. 목과 소맷부리는 고무줄을 끼워 주름을 잡은 간단한 방식입니다. 세탁이 간편한 얇은 코튼이나 리넨으로 만드는 것을 추천해요. 바닥 모서리가 둥근 배색 주머니가 포인트입니다.

How to make P.46 (Lesson7)

G-2 프릴 스목

목둘레의 프릴이 귀여운, 입고 벗기 쉬운 스목입니다. 계절에 맞춰 작품 G-1의 긴 소매, 혹은 G-3의 5부 기장 길이에 맞춰 소매를 만들어주면 일 년 내내 활용할 수 있어요. 목과 소맷부리는 고무줄을 끼워 주름을 잡은 간단한 방식입니다. 얇고 부드러운 원단으로 만드는 게 좋지만, 비치는 감이 있는 원단으로 만들어도 멋지답니다.

How to make P.120

Lesson 7
G-1
긴 소매 스목
(44쪽) 실물 크기 패턴 B면

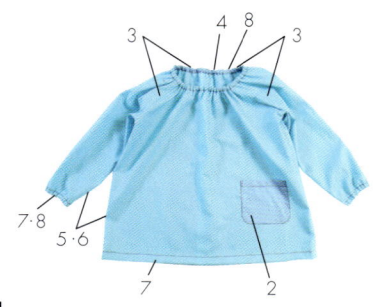

재료

※ 치수는 왼쪽부터 100/110/120/130cm
겉감 (푸른색 깅엄체크 리넨)
　　　110cm 폭 × 100/115/120/125cm
별도 원단 (푸른색 무지 리넨) 60 × 60cm (공통)
고무줄 (6골) … 70/72/74/76cm
※ 목둘레 40/42/44/46cm
소맷부리 15cm(공통)로 2줄

봉제 순서

1. 원단을 재단하고, 시접 다림질하기
2. 앞 몸판에 주머니 달기
3. 앞·뒤 몸판에 소매를 맞대어 박기
4. 목둘레를 목 바이어스감으로 처리하기
5. 소매밑과 옆을 이어 박기
6. 시접을 지그재그박기로 처리하기
7. 밑단과 소맷부리를 두 번 접어박기
8. 목둘레와 소맷부리에 고무줄 끼우기

재단 배치도

※ 원단 겉면에 패턴을 배치해 재단한다
※ 따로 표시해둔 부분 이외의 시접은 1cm
※ 치수는 위에서부터 100/110/120/130cm

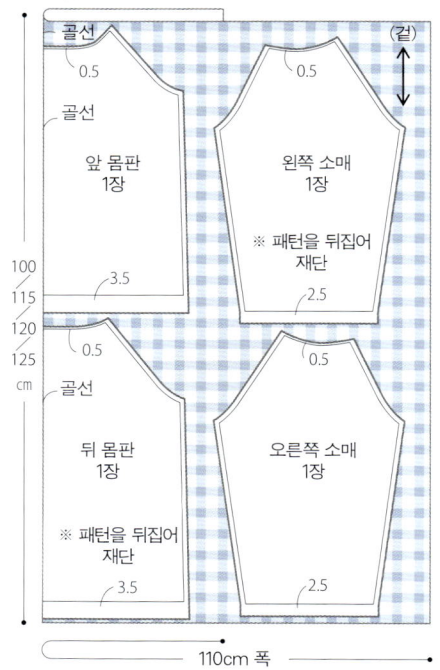

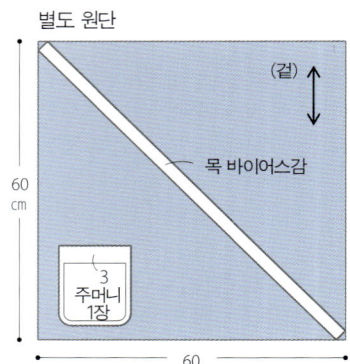

알아두세요!
고무줄 6골와 8골의 차이
골이란 고무줄의 개수(강도)를 나타내는 단위. 스목의 목둘레나 소맷부리에는 6골, 팬츠나 스커트의 허리 고무줄에는 좀 더 강한 8골이 좋아요!

1 원단을 재단하고, 시접을 다림질한다

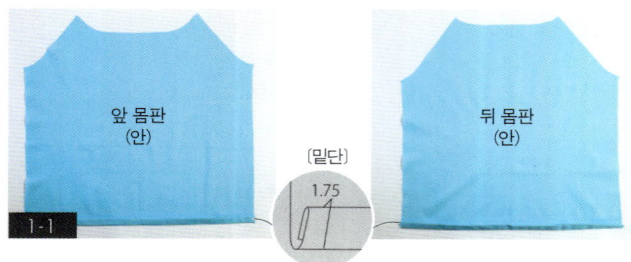

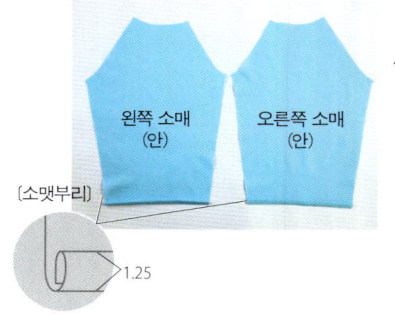

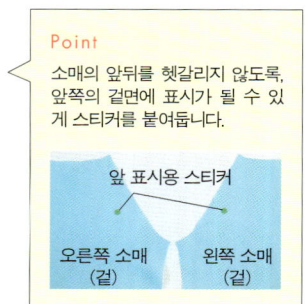

Point
소매의 앞뒤를 헷갈리지 않도록, 앞쪽의 겉면에 표시가 될 수 있게 스티커를 붙여둡니다.

재단 배치도를 참고해 패턴 주변에 시접을 넣은 후 원단을 재단합니다. 앞 몸판에는 주머니를 달 위치를 송곳으로 표시합니다(54쪽 2-1 참고). 앞 몸판·뒤 몸판의 밑단과 소맷부리를 다리미를 이용해 같은 너비로 두 번 접어 접음선을 냅니다.

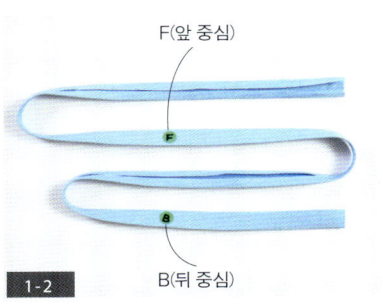

목 바이어스감의 양쪽 시접을 다리미로 0.5cm 씩 접습니다. 앞 중심·뒤 중심 자리에는 스티커를 붙여 표시해둡니다.

> **있으면 편리해요!**
> 바이어스메이커 12mm를 사용하면 시접에 접음선을 내는 일이 간단해집니다. 시중에 판매하는 바이어스테이프(양쪽이 접힌 타입, 12mm)를 쓸 때는 패턴의 가위집만 그대로 옮기면 됩니다.
> ※작품 G-3 스목 원피스는 18mm를 사용합니다.

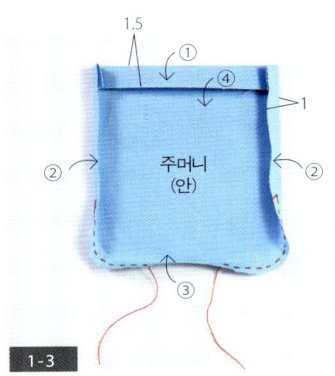

주머니 입구는 같은 너비로 두 번 접기. 그 외에는 두 번 접기 해 위에 표시한 숫자 순서대로 다리미를 이용해 직선 부분의 접음선을 냅니다. 시접의 곡선 부분은 홈질을 해둡니다.

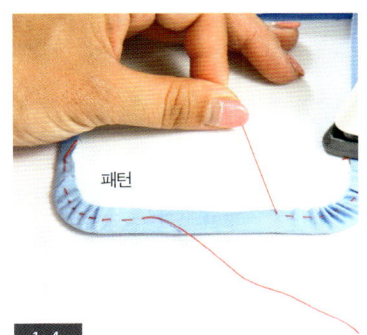

곡선 부분은 두꺼운 종이를(시접 없이) 잘라 만든 패턴을 끼운 다음, 홈질한 실을 잡아당겨 다리미로 접음선을 냅니다. 그다음 홈질한 실은 제거합니다.

2 앞 몸판에 주머니를 단다

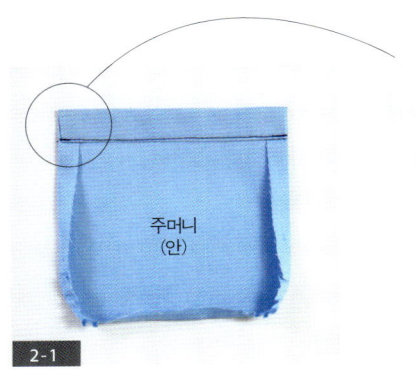 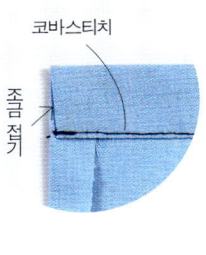

두 번 접은 주머니 입구에 코바스티치를 합니다. 모서리의 시접은 조금 안쪽으로 접습니다(22쪽 참고).

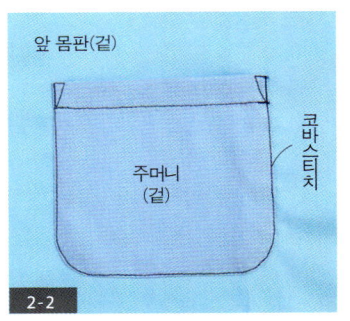 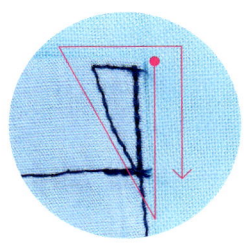

앞 몸판에 주머니를 덧대어 코바스티치로 달아줍니다.

모서리는 화살표를 따라 삼각형 형태로 봉제(되돌아박기는 하지 않고 봉제를 시작해, 봉제선이 겹치는 부분을 이중으로 봉제)

47

3 앞·뒤 몸판에 소매를 맞대어 박는다

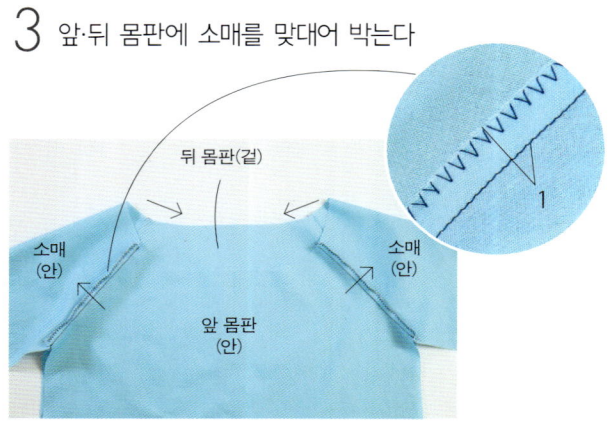

앞 몸판과 소매를 겉끼리 맞대어 박고, 시접을 2장 함께 지그재그박기로 처리해 소매 쪽으로 접습니다. 뒤 몸판과 소매도 마찬가지로 박고 시접은 몸판 쪽으로 접습니다.

4 목둘레를 목 바이어스감으로 처리한다

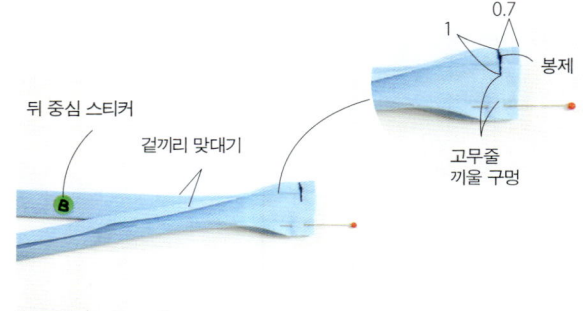

4-1

목 바이어스감의 양 끝을 사진에서 보는 것처럼 겉끼리 맞대어, 고무줄 끼울 구멍을 남기고 박습니다.

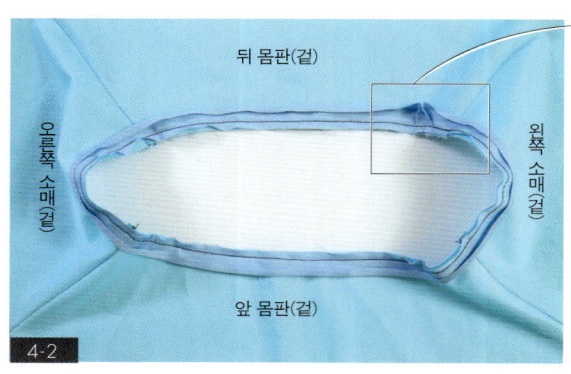

4-2

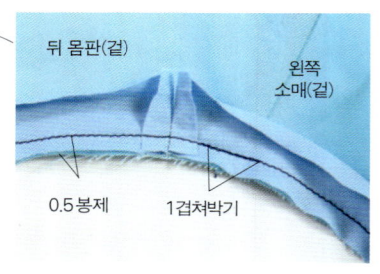

4-1의 시접을 가르고, 몸판·소매와 겉끼리 맞대어 모든 가위집을 시침핀으로 고정합니다. 시침핀으로 고정한 그 사이사이 0.5cm 지점을 박습니다. 봉제를 시작한 지점과 끝마치는 지점은 1cm 겹쳐박기 합니다 (17쪽 참고).

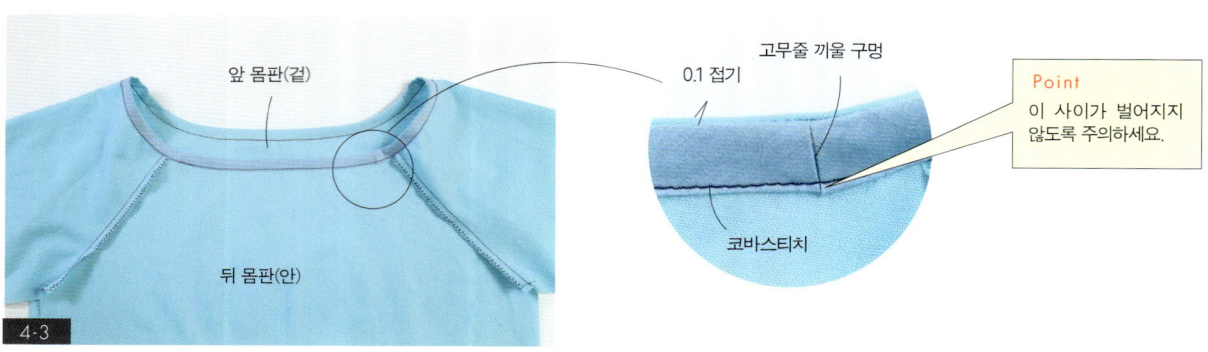

4-3

목 바이어스감을 안쪽으로 뒤집고, 목둘레의 시접을 감싸서 조금 안쪽으로 접은 다음 코바스티치로 눌러줍니다.

Point
이 사이가 벌어지지 않도록 주의하세요.

5 소매밑과 옆을 이어서 박는다

소매밑과 옆을 겉끼리 맞대고 소매밑과 옆을 이어 박습니다.

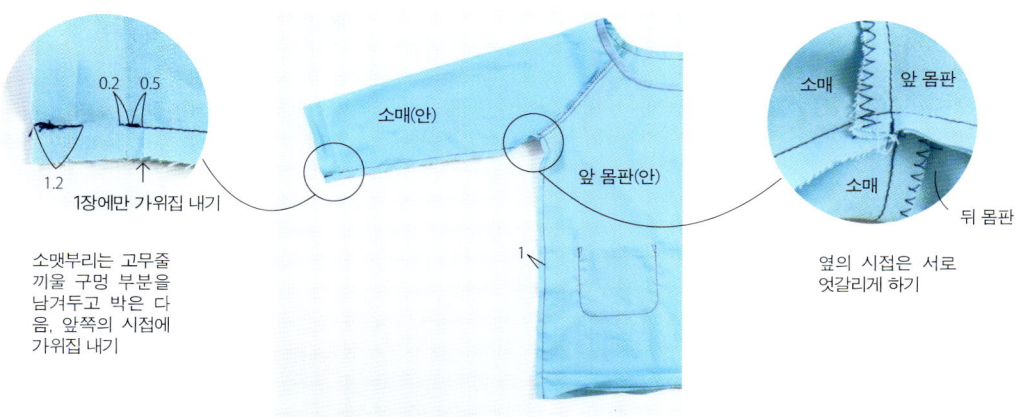

소맷부리는 고무줄 끼울 구멍 부분을 남겨두고 박은 다음, 앞쪽의 시접에 가위집 내기

1장에만 가위집 내기

옆의 시접은 서로 엇갈리게 하기

6 시접을 지그재그박기로 처리한다

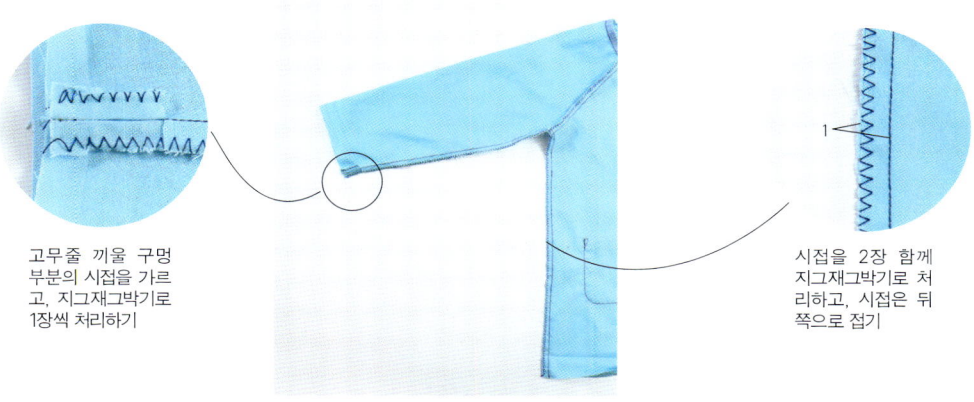

고무줄 끼울 구멍 부분의 시접을 가르고, 지그재그박기로 1장씩 처리하기

시접을 2장 함께 지그재그박기로 처리하고, 시접은 뒤쪽으로 접기

7 밑단과 소맷부리를 두 번 접어박기 한다

[소맷부리]　　　　　　　　　　　　　　　　[밑단]

코바스티치

고무줄 끼울 구멍

코바스티치

Point
소맷부리 등의 원통 모양은 안쪽을 보면서 박습니다.

G-3

 스목 원피스

간단히 만들 수 있는 래글런 슬리브로, 목과 소맷부리 부분은 여자아이에게 잘 어울리는 주름이 눈에 쏙 들어오도록 되어있어요. 몸을 움직여도 풀리지 않도록 리본은 미리 묶은 상태로 그대로 박아 달아줍니다. 뒤 몸판에는 셔링(장식 주름)을 잡아 우아한 실루엣을 만들어줍니다. 무지 원단이나 무늬 원단이나 어느 것으로든 귀엽게 완성할 수 있어요.

How to make P. 51

Process

G-3

스목 원피스
(50쪽) 실물 크기 패턴 B면

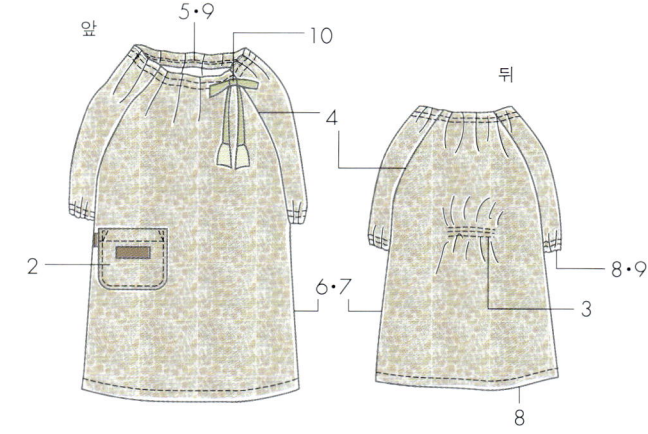

재료

※ 치수는 왼쪽부터 100/110/120/130cm
겉감 (리버티프린트) 110cm 폭 × 120/130/150/160cm
별도 원단 (컬러 브로드클로스) 12 × 5cm
고무줄 (6골·셔링 분) … 16cm 3줄, (목둘레 분) … 40/42/44/46cm 1줄
　　　(소맷부리 분) … 18cm (공통) 2줄
폭 1cm 능직 끈 … 60cm 1개

봉제 순서

1. 원단을 재단하고, 시접 다림질하기
2. 앞 몸판에 주머니 달기(47쪽 2 참고)
3. 뒤 몸판에 고무줄로 셔링 잡기
4. 앞·뒤 몸판과 소매를 맞대어 박기(48쪽 3 참고)
5. 목둘레를 목 바이어스감으로 처리하기
6. 소매밑과 옆선을 이어 박기(49쪽 5 참고)
7. 시접을 지그재그박기로 처리하기(49쪽 6 참고)
8. 밑단과 소맷부리를 두 번 접어박기(49쪽 7 참고)
9. 목둘레와 소맷부리에 고무줄 끼우기
10. 앞 몸판에 장식할 리본 달기

재단 배치도

※ 따로 표시해둔 부분 이외의 시접은 1cm
※ 치수는 위에서부터 100/110/120/130cm

3 뒤 몸판에 고무줄로 셔링을 잡는다

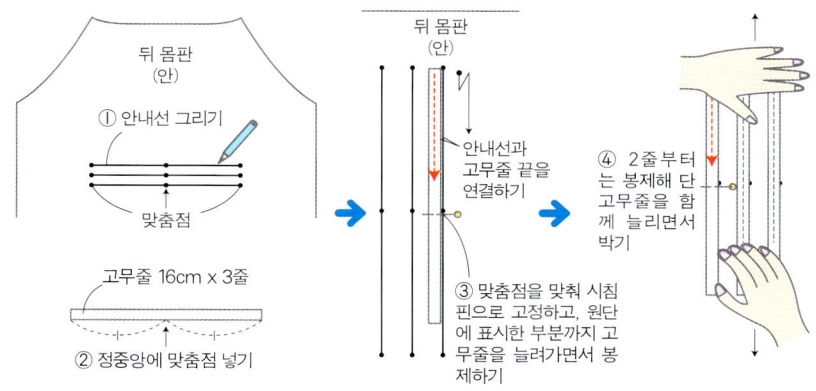

5 목둘레를 목 바이어스감으로 처리한다

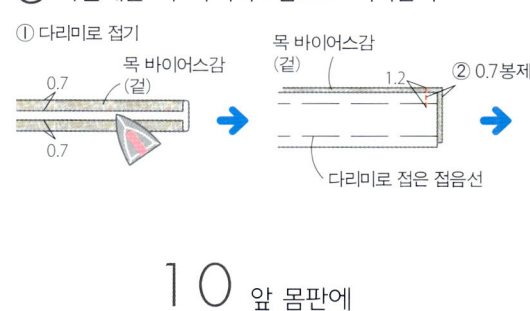

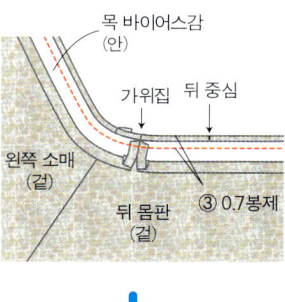

10 앞 몸판에 장식용 리본을 단다

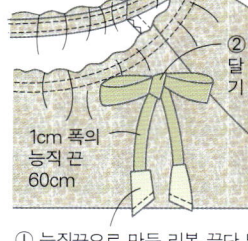

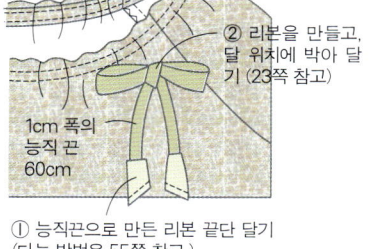

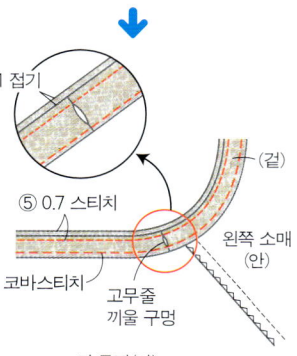

H-1

 프릴 블라우스

턱과 프릴이 포인트인 귀여운 블라우스는 얇은 원단을 쓴다면 무지든 무늬 원단이든 귀엽게 완성할 수 있어요. 뒤 몸판에는 리본을 달아준 물방울 트임이 있습니다. 쇼트 팬츠와 매치해 발랄한 분위기를 내도 좋아요.

How to make P.54 (Lesson 8)

※ 벌룬 팬츠는 작품 E-2(39쪽)를 참고

 머리띠

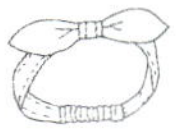

작은 원단으로도 만들 수 있는 여자아이용 머리띠입니다. 뒤쪽이 고무밴드로 되어있어 아이 혼자서도 쉽게 할 수 있어요. 리본 부분은 움직일 수 있으므로, 헤어스타일에 맞춰 응용해도 됩니다. 고무밴드와 뒤쪽 끈을 길게 만들면 어른용으로도 손색이 없어요.

How to make P.129

H-2

 프릴 원피스

턱과 프릴이 포인트인 귀여운 원피스. 주름이 예쁘게 나오는 얇은 원단으로 만들기를 추천합니다. 뒤 몸판에 있는 물방울 트임의 리본이 포인트입니다. 옆선의 솔기를 이용해 숨은주머니(seam pocket)를 달아도 됩니다.

How to make P.121

Lesson 8
H-1
프릴 블라우스
(52쪽) 실물 크기 패턴 A면

재료
※ 치수는 왼쪽부터 100/110/120/130cm
겉감 (리버티) 110cm 폭 x 65/70/75/80cm
폭 1cm 새틴 리본 … 35cm 2개
접착심 … 15 x 5cm

봉제 순서
1. 원단을 재단하고, 시접 다림질하기
2. 앞 몸판에 턱 박기
3. 뒤 트임의 리본 달기
4. 뒤 트임 끝단 처리하기
5. 어깨 박기
6. 목둘레 처리하기
7. 프릴 끝단을 두 번 말아박기
8. 프릴에 주름을 잡아 몸판에 달기
9. 진동둘레를 바이어스감으로 처리하기
10. 옆을 박고, 밑단을 두 번 접어 처리하기

재단 배치도
※ 원단 겉면에 패턴을 배치해 재단한다
※ 따로 표시해둔 부분 이외의 시접은 1cm
※ 치수는 위에서부터 100/110/120/130cm
※ 빗금친 부분(뒤 트임 안단)에 접착심을 붙인다

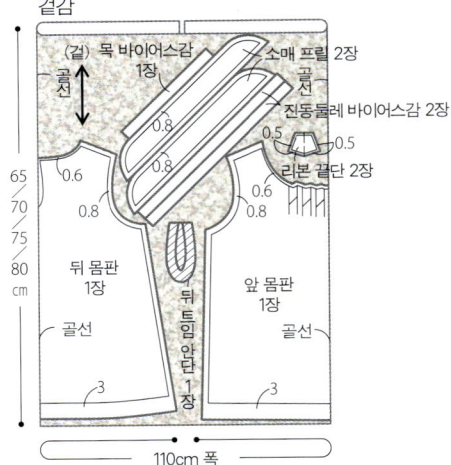

1 원단을 재단하고, 시접을 다림질한다

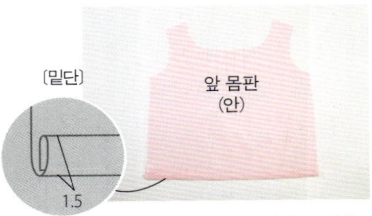

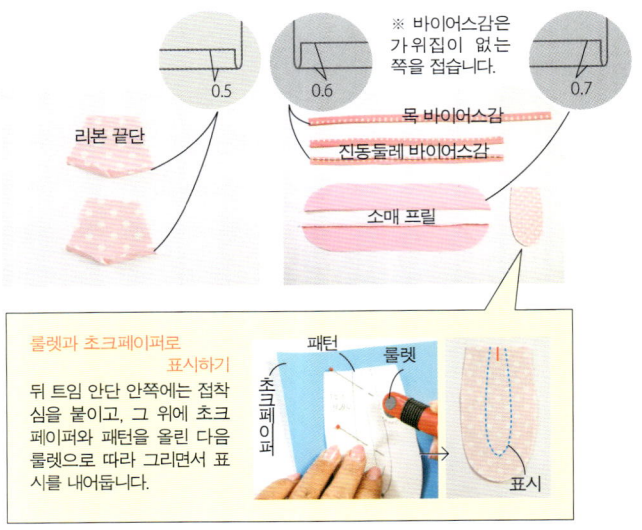

재단 배치도를 참고해 패턴 주변에 시접을 넣어 원단을 재단합니다. 2를 참고해 앞 몸판에 턱 표시를 합니다. 다리미를 이용해 앞 몸판·뒤 몸판의 밑단을 같은 너비로 두 번 접기 해 접음선을 냅니다. 리본 끝단의 아래쪽, 목 바이어스감과 진동둘레 바이어스감의 한 쪽, 소매 프릴의 소맷부리 시접을 한 번 접어둡니다.

룰렛과 초크페이퍼로 표시하기
뒤 트임 안단 안쪽에는 접착심을 붙이고, 그 위에 초크페이퍼와 패턴을 올린 다음 룰렛으로 따라 그리면서 표시를 내어둡니다.

2 앞 몸판에 턱을 박는다

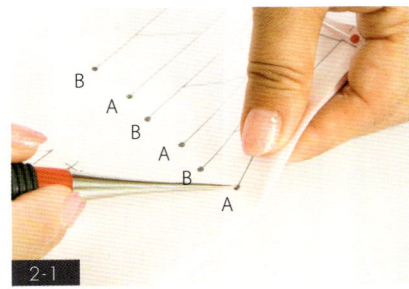

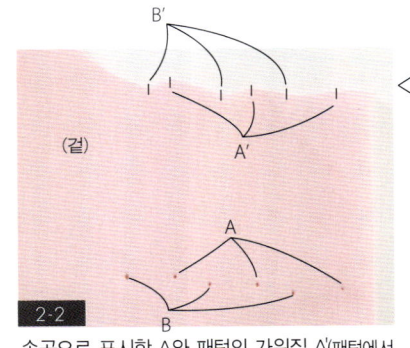

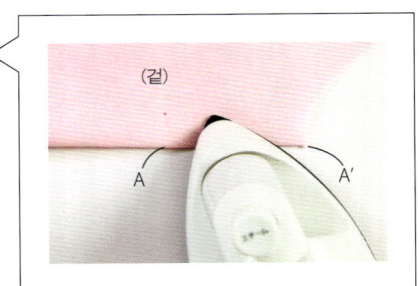

2-1 앞 몸판의 턱 위치(A·B 양쪽)에 송곳으로 구멍을 뚫어 표시합니다.

2-2 송곳으로 표시한 A와 패턴의 가위집 A'(패턴에서 빗금이 높은 쪽)의 선을 접음선으로 삼아 한 번 접고, 다리미를 이용해 접음선을 냅니다.

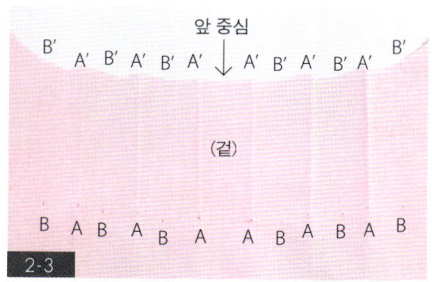
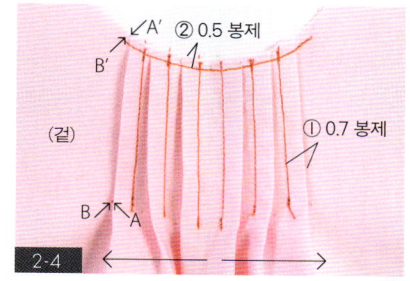

3 뒤 트임의 리본을 단다

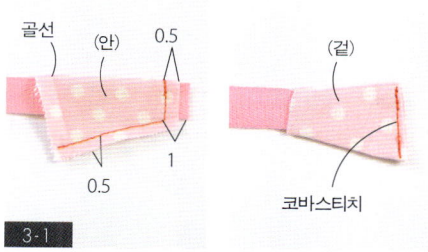

턱에 접음선(AA' 선)이 잡혀있는 모습입니다. 그 사이의 BB'(패턴에서 빗금이 낮은 쪽) 선은 접지 말고 그대로 둡니다.

턱의 접음선을 한 번 접어 0.7cm 폭으로 박습니다. AA'의 접음선을 BB'의 선에 겹쳐 턱을 화살표 방향으로 접고, 목둘레 쪽을 재봉틀로 박아 임시로 고정합니다.

리본 끝단을 겉끼리 맞대어 접고, 그 사이에 리본을 끼워서 사진처럼 박습니다. 겉으로 뒤집어 시접을 안쪽으로 접어 넣고, 코바스티치를 합니다.

4 뒤 트임의 끝단을 처리한다

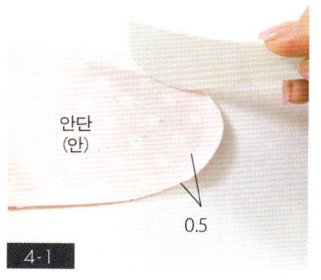
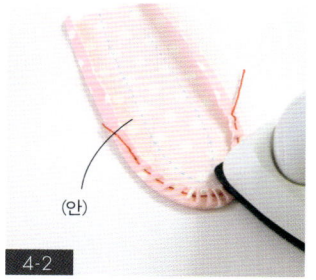

Point 리본 끝은 풀리기 쉬우므로 풀림 방지액을 바르고, 가위집보다 길게 남겨두세요.

뒤 중심에 3cm의 가위집을 내고, 리본 중심 쪽을 박아서 달아줍니다.

원단 끝에서 0.5cm 위치에 헤라(주걱)로 접음선을 냅니다.

다리미로 시접을 0.5cm 접습니다. 곡선은 시접을 홈질한 다음 실을 잡아당깁니다(접음선을 내고 나면 실을 제거합니다).

5 어깨를 박는다

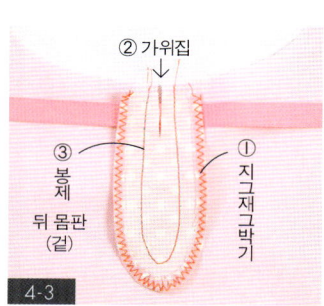
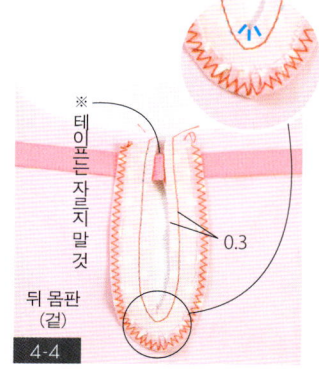
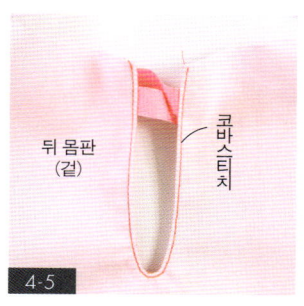
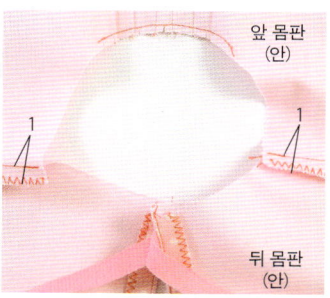

안단 끝을 한 번 접은 채로 지그재그박기 해 처리합니다. 뒤 중심에 맞춰 겉끼리 맞댄 다음, 안단에도 약 3cm의 가위집을 내고, 트임 구멍의 선을 따라 박습니다.

시접을 0.3cm 남기고 트임 구멍을 잘라냅니다. 곡선의 쑥 들어간 곳은 가위집을 세 군데쯤 냅니다.

안단을 안쪽으로 뒤집고, 다리미로 형태를 정돈합니다. 트임 구멍 가장자리에 코바스티치를 합니다.

앞 몸판과 뒤 몸판을 겉끼리 맞대어 어깨를 박고, 시접을 2장 함께 지그재그박기로 처리합니다. 시접은 모두 뒤쪽으로 접습니다.

6 목둘레를 처리한다

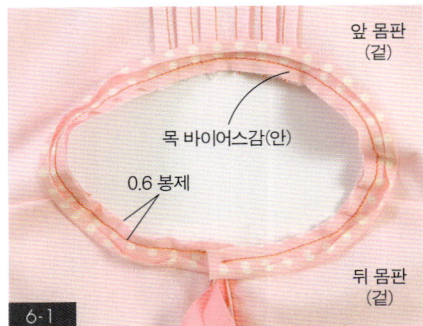
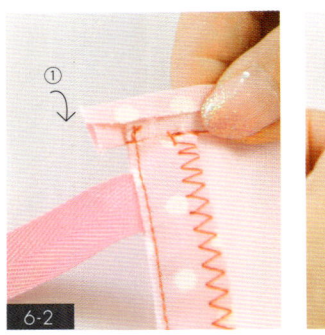

몸판의 목둘레에 목 바이어스감을 겉끼리 맞대어, 끝에서 0.6cm 부분을 박습니다.

목 바이어스감으로 시접을 감쌉니다. 양 끝은 사진의 ①~③ 순서대로 접습니다.

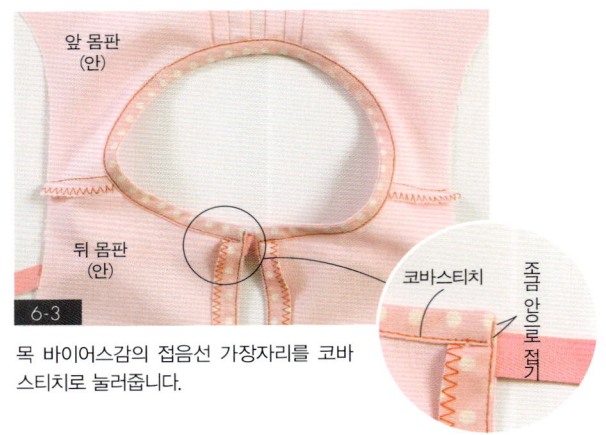

목 바이어스감의 접음선 가장자리를 코바스티치로 눌러줍니다.

7 프릴 끝단을 두 번 말아박기 한다

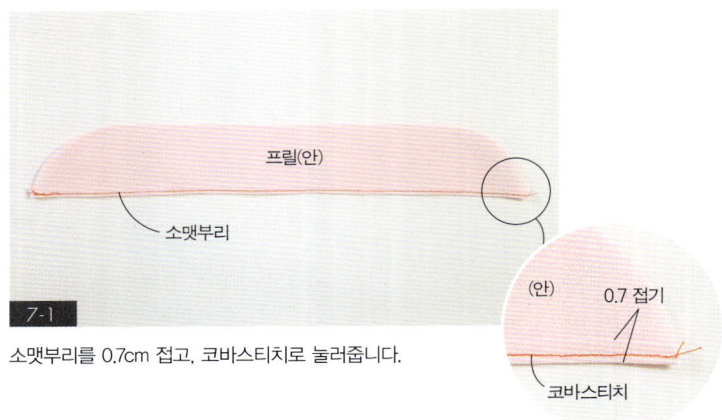

소맷부리를 0.7cm 접고, 코바스티치로 눌러줍니다.

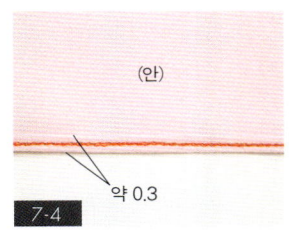

아슬아슬하게 스티치한 부분을 남기고 필요 없는 시접들을 잘라냅니다.

7-2의 잘라낸 끝단을 안쪽으로 해서 한 번 더 접어주고, 봉제선의 바로 위를 한 번 더 박아줍니다.

두 번 말아박기가 완성되었습니다.

8 프릴에 주름을 잡아 몸판에 단다

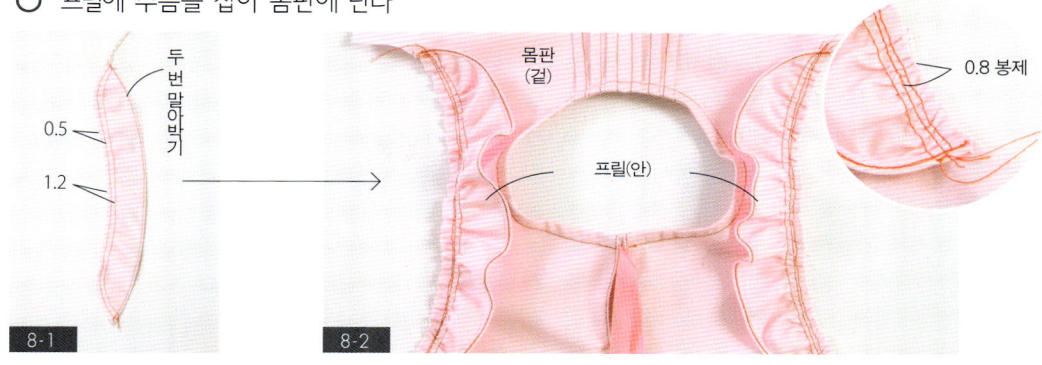

프릴의 목둘레 쪽을 큰 땀으로 두 줄 박아줍니다(30쪽 참고).

몸판과 프릴을 겉끼리 맞대어 맞춤점을 맞추고 주름을 잡은 다음, 끝단에서 0.8cm 부분을 박아줍니다. 시접은 0.6cm 길이에 맞게 잘라내고 큰 땀으로 박은 실을 제거합니다.

9 진동둘레를 바이어스감으로 처리한다

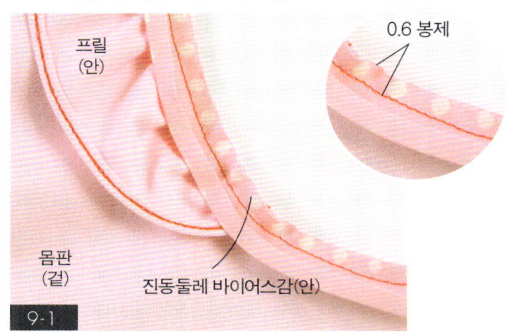 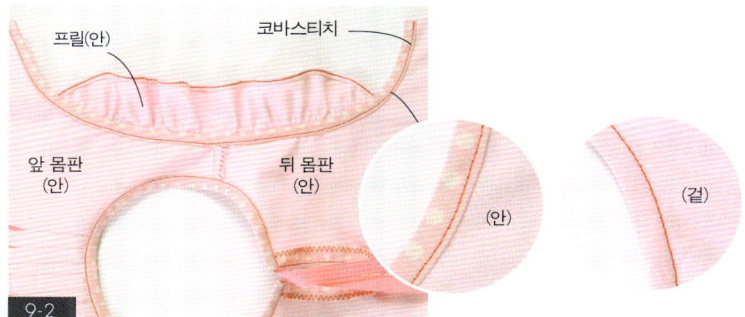

몸판과 진동둘레 바이어스감을 겉끼리 맞대어 끝단에서 0.6cm 부분을 박습니다.

진동둘레 바이어스감을 안쪽으로 뒤집어 시접을 감싸고, 코바스티치로 눌러줍니다.

10 옆을 박고, 밑단을 두 번 접어박기 한다

 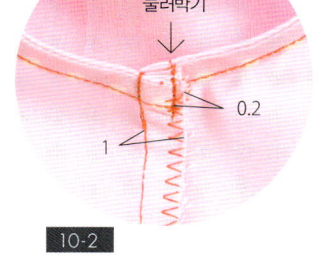 

몸판을 겉끼리 맞대어 양옆을 박고, 시접을 2장 함께 지그재그박기로 처리합니다.

시접을 뒤쪽으로 접고, 옆의 시접에 눌러박기를 합니다.

밑단을 두 번 접어 코바스티치를 합니다.

1-1

 개더 캐미솔

하나만 입거나 이너웨어로 입거나 다양하게 매치해 입기 좋은 캐미솔로, 목이 심하게 파이지 않아 우아한 분위기로 입을 수 있어요. 뒤에 단추가 달려있어 입고 벗기도 편합니다. 원단을 통으로 만들기 때문에 안쪽도 깔끔하고 튼튼하게 완성할 수 있어요.

How to make P.65

I-2

 ## 개더 튜닉

가슴 쪽의 절개가 포인트인 튜닉 원피스는 기장을 늘려 만들면 격식을 차리는 자리에서 활용하기 좋은 옷이 됩니다. 진동둘레 부분이 어렵게 느껴질 수 있지만, 주름만 그럴듯하게 잡으면 되므로 의외로 간단해요. 겉에 나오는 스티치를 최대한 줄였기 때문에, 벨루어나 코듀로이 등 털이 있는 원단도 얼마든지 쓸 수 있습니다. 옆선의 솔기를 이용한 숨은주머니도 달 수 있어요.

How to make P.60 (Lesson 9)

 ## 리본 백

자투리 원단으로 만들 수 있는 작은 리본 백입니다. 안감을 넣은 고급 방식으로 밑단 처리를 할 필요가 없으므로 단시간에 깔끔하게 만들 수 있어요. 내용물이 잘 쏟아지지 않도록 가방 입구에 자석 단추를 달아주세요. 어깨끈의 길이는 아이에게 맞춰 조절하면 됩니다.

How to make P.128

Lesson 9
1-2
개더 튜닉
(59쪽) 실물 크기 패턴 C면

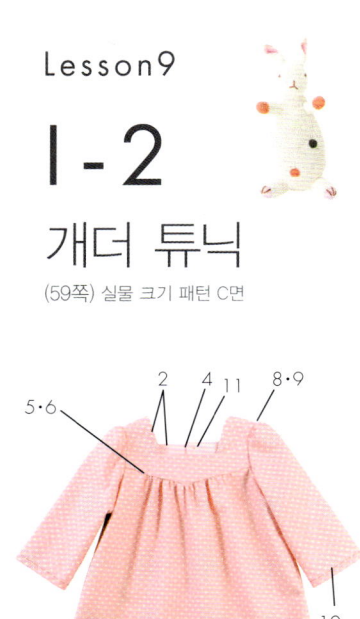

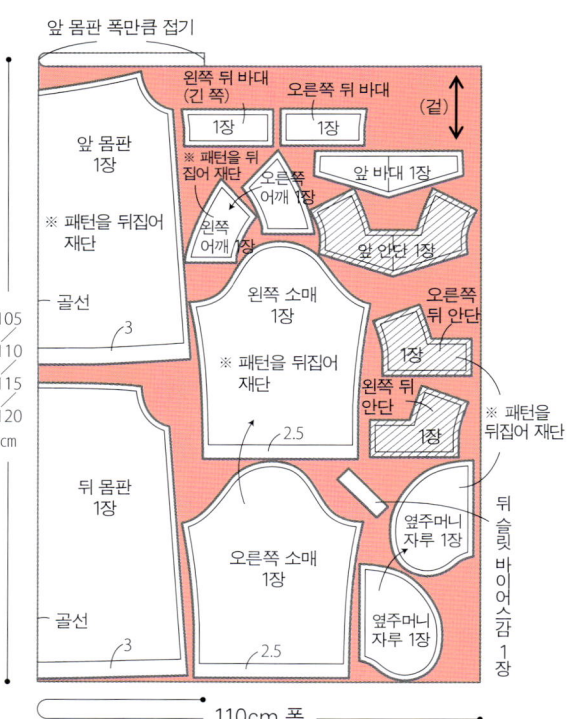

재단 배치도
- ※ 원단 겉면에 패턴을 배치해 재단한다
- ※ 따로 표시해둔 부분 이외의 시접은 1cm
- ※ 치수는 위에서부터 100/110/120/130cm
- ※ 빗금친 부분(앞·뒤 안단) 안쪽에 접착심을 붙인다

재료
- ※ 치수는 왼쪽부터 100/110/120/130cm
- 겉감 (핑크 리넨) 110cm 폭 × 105/110/115/120cm
- 접착심 … 30 × 30cm (공통)
- 지름 1cm 단추 … 2개
- 폭 0.3cm 새틴 리본 … 3.5cm 2개
- 폭 1cm 늘어남 방지테이프 … 적당량

봉제 순서
1. 원단을 재단하고, 시접 다림질하기
2. 바대와 안단을 맞대어 박기
3. 옆에 숨은주머니 달기
4. 뒤 슬릿 만들기
5. 몸판에 주름을 잡고 바대 연결하기
6. 안단을 몸판에 감침질하기
7. 양옆 박기
8. 소매 만들기
9. 몸판에 소매 달기
10. 몸판 밑단과 소맷부리 처리하기
11. 단추 달기

1 원단을 재단하고 시접을 다림질한다

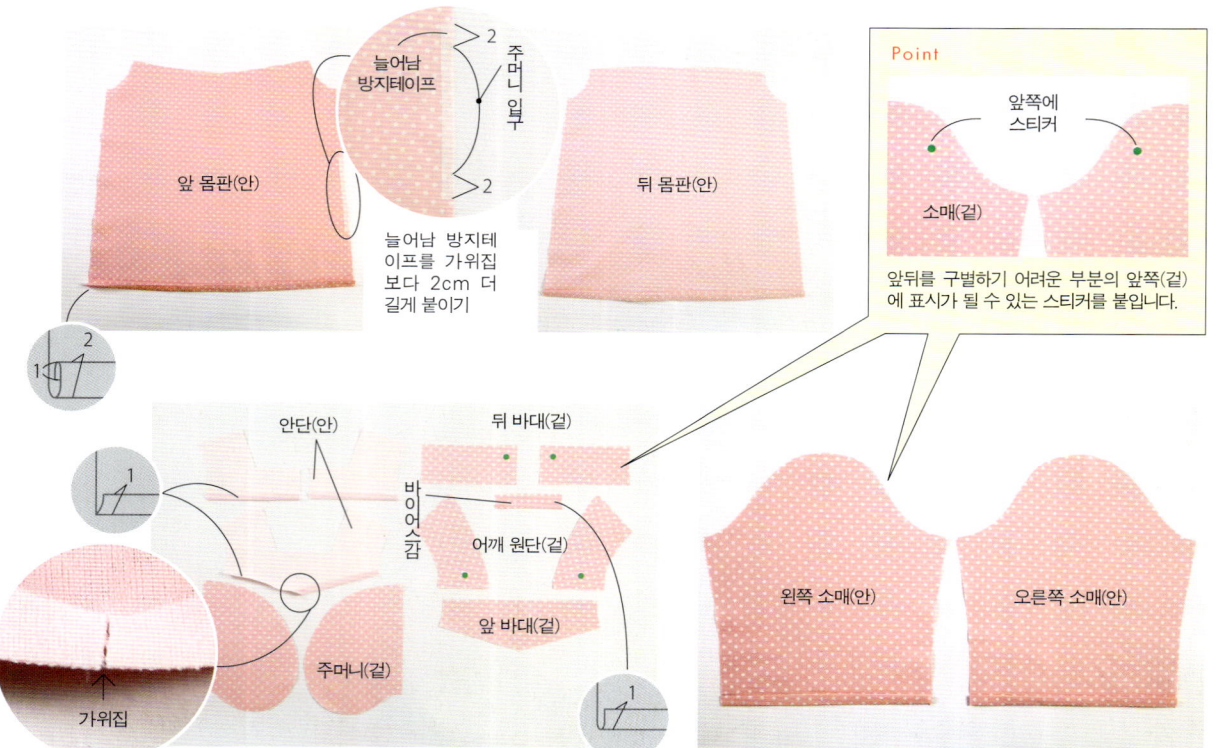

패턴에 시접을 넣어 원단을 재단하고, 가위집을 냅니다. 앞뒤 몸판의 밑단과 소맷부리를 다리미를 이용해 두 번 접습니다. 접착심을 붙인 앞·뒤 안단의 아래쪽 시접과, 뒤 슬릿 바이어스감에서 길이가 긴 변의 한쪽을 다리미로 한 번 접어둡니다.

2 바대와 안단을 맞대어 박는다

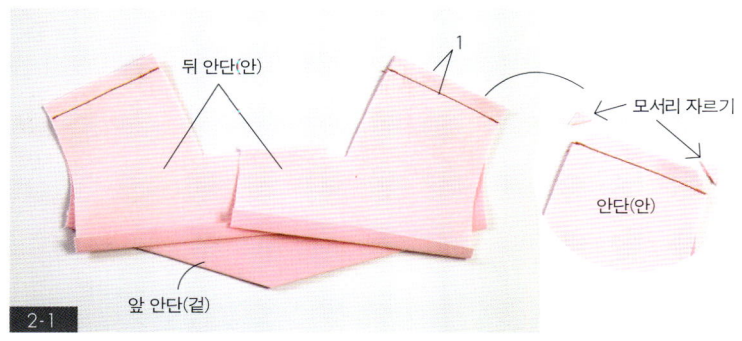
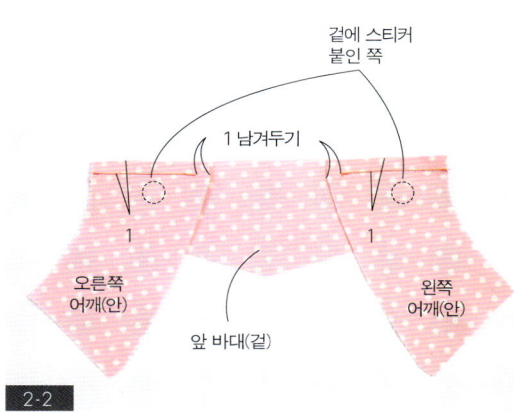

앞 안단과 뒤 안단을 겉끼리 맞대어 어깨를 박습니다. 시접은 가릅니다.

앞 바대와 어깨 원단을 겉끼리 맞대어 박습니다(목둘레 쪽은 1cm 남겨두고 박고, 봉제 시작과 끝은 되돌아박기 합니다).

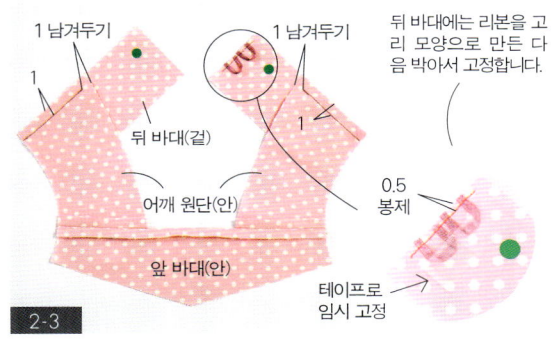
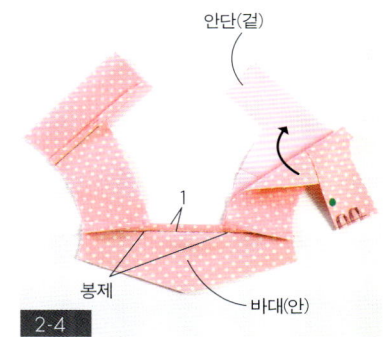
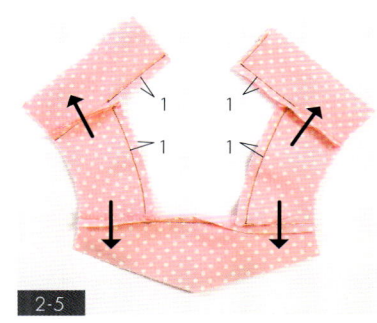

어깨 원단과 뒤 바대를 겉끼리 맞대어 박습니다(목둘레 쪽은 1cm 남겨두고, 봉제 시작과 끝은 되돌아박기 합니다).

안단과 바대를 겉끼리 맞대어, 앞 바대의 목둘레 쪽을 표시에서 다음 표시까지 박습니다(어깨 원단의 시접을 같이 박지 않도록 잘 비켜둡니다).

어깨 원단의 목둘레 쪽, 뒤 바대의 목둘레 쪽을 2-4와 마찬가지로 표시에서 다음 표시까지 박습니다(시접은 제외합니다). 시접은 화살표 방향으로 접습니다.

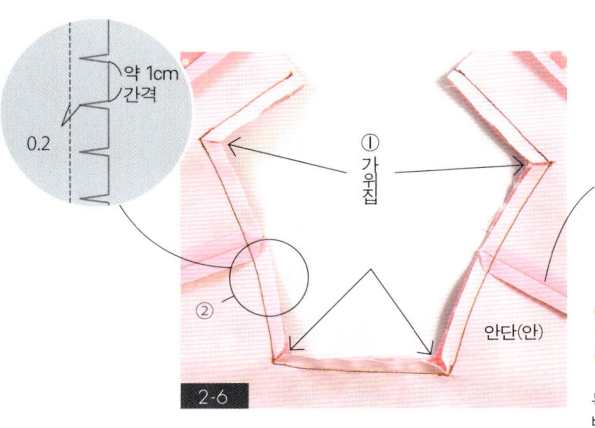
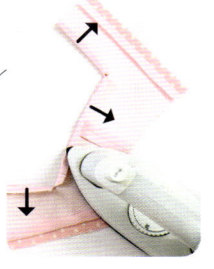
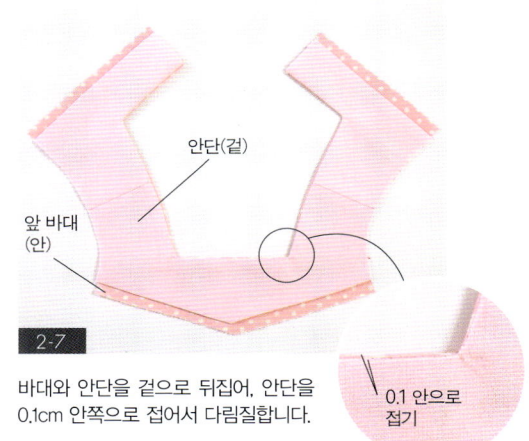

목둘레의 네 모서리는 안단에만 가위집(①)을 내고, 어깨 원단의 시접에는 안단과 함께 1cm 간격으로 가위집(②)을 냅니다(봉제선의 0.2cm 앞까지).

목둘레의 시접을 가르고, 바대 쪽과 안단 쪽으로 각각 접습니다.

바대와 안단을 겉으로 뒤집어, 안단을 0.1cm 안쪽으로 접어서 다림질합니다.

3 옆에 숨은주머니를 단다

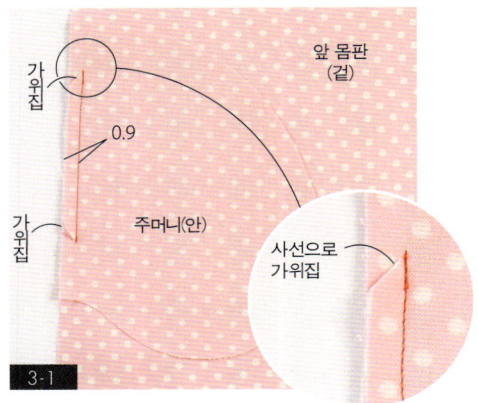
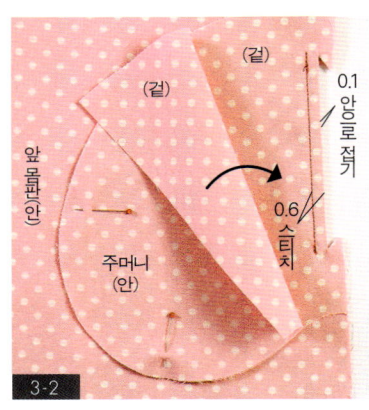

앞 몸판의 오른쪽 옆선에 주머니 1장을 겉끼리 맞대어, 주머니 입구에 낸 표시에서 다음 표시까지 박습니다. 표시해둔 쪽으로 사선 가위집을 냅니다.

주머니를 몸판 안으로 뒤집어 주머니 입구에 0.6cm 폭의 스티치를 합니다. 나머지 1장의 주머니를 겉끼리 딱 겹쳐 시침핀으로 고정합니다.

3-2의 스티치 끝에서 시접 끝까지, 3~4회 튼튼하게 되돌아박기 합니다.

4 뒤 슬릿을 만든다

몸판을 제외하고, 주머니 2장의 옆선 외의 나머지를 박습니다. 시접을 지그재그박기로 처리합니다.

뒤 몸판의 뒤 중심에, 표시한 부분의 0.2cm 앞까지 가위집을 냅니다.

뒤 몸판의 가위집과 바이어스감을 겉끼리 겹친 다음 시침핀으로 고정합니다.

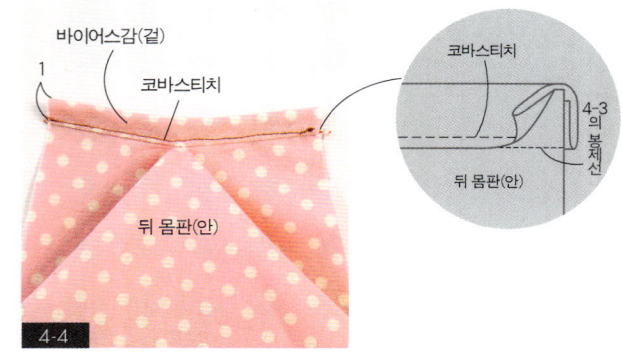
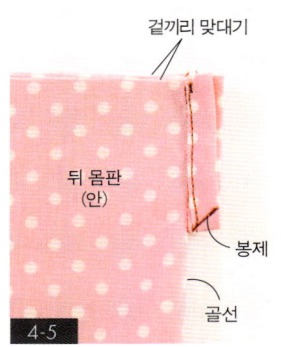

끝에서 0.2cm 부분을 박습니다.

바이어스감을 겉으로 뒤집어 1cm 폭이 되도록 접고, 안에서 코바스티치해 눌러 줍니다.

뒤 몸판을 겉끼리 맞대어 정확히 반으로 접고, 바이어스감의 중심(접음선)을 사선으로 박습니다.

5 몸판에 주름을 잡아 바대를 연결한다

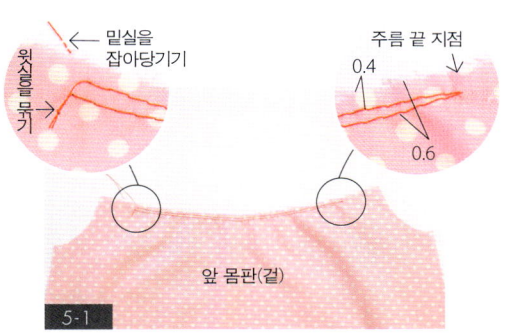

앞 몸판에 큰 땀으로 두 줄을 박습니다. 얇은 원단을 쓰는 경우라면 시접 위에 두 줄을 박아줍니다. 거리가 짧은 경우에는 주름이 끝나는 지점에서 되돌아갑니다.

뒤 몸판에 큰 땀으로 두 줄 박습니다. 뒤 구멍의 바이어스감을 왼쪽은 그대로 펼쳐두고, 오른쪽만 접어서(화살표 방향으로) 큰 땀으로 박아줍니다.

앞 바대에 맞추어 큰 땀으로 박은 밑실을 잡아당겨 주름을 잡습니다.

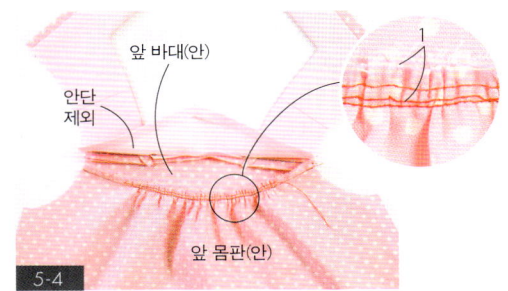
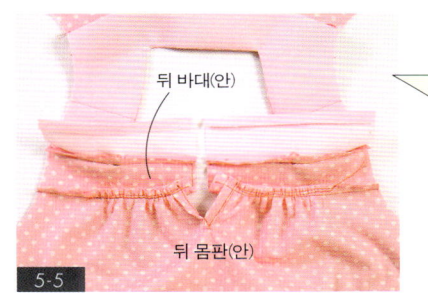
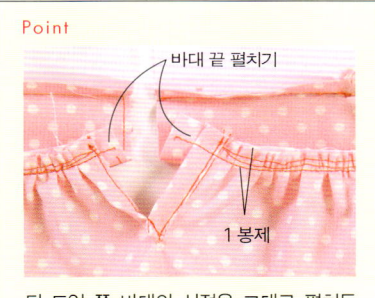

앞 몸판과 앞 바대를 겉끼리 맞대어(가위집 포함), 끝에서 1cm 부분을 박습니다(안단은 함께 박지 않습니다).

뒤 몸판에 주름을 잡고, 뒤 바대와 겉끼리 맞대어 5-4와 같은 방법으로 박습니다.

Point — 뒤 트임 쪽 바대의 시접은 그대로 펼쳐둔 상태로 박습니다.

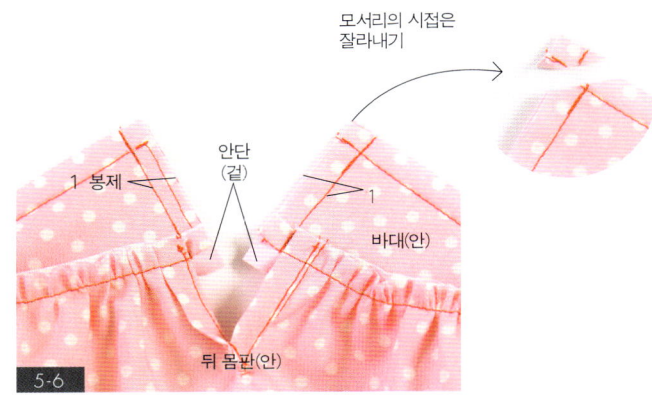
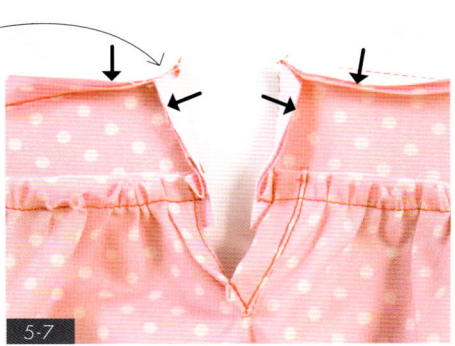

뒤 바대와 뒤 안단을 겉끼리 맞대고, 뒤 트임 쪽을 박습니다.

다리미를 이용해 시접을 안쪽으로 접어 넣고, 뒤 안단을 겉으로 뒤집습니다.

6 안단을 몸판에 감침질한다

슬릿 쪽의 시접을 접은 다음, 몸판 쪽의 시접 접기

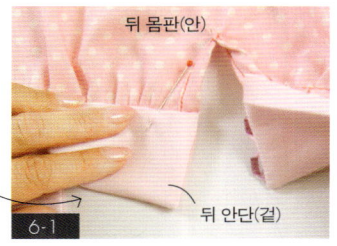

뒤 안단의 시접을 접어 뒤 몸판의 시접을 감싼 다음 시침핀으로 고정합니다.

앞 안단도 마찬가지로 시접을 접어, 몸판의 안쪽에 시침핀으로 고정합니다.

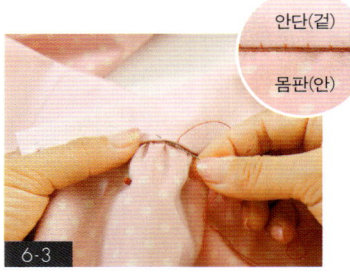

안단을 감침질(117쪽)해 몸판에 붙입니다.

7 양옆을 박는다

앞 몸판과 뒤 몸판을 겉끼리 맞대어 양옆을 박고, 시접을 지그재그박기로 처리합니다. 시접은 뒤쪽으로 접습니다.

주의!
옆을 박을 때 주머니 입구 부분은 박지 않도록 손가락으로 짚어 확인해가면서 박으세요.

8 소매를 만든다

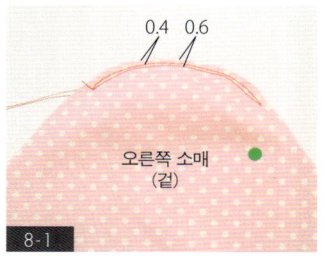

소매산에 큰 땀으로 두 줄 박아줍니다(63쪽 5 참고). 윗실 끝은 매듭짓고, 밑실을 잡아당겨 주름을 잡습니다.

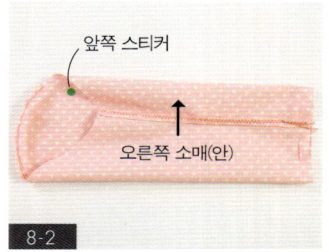

소매밑을 겉끼리 맞대어 박고, 시접을 지그재그박기로 처리합니다. 시접은 앞쪽으로 접습니다. 소맷부리 쪽은 시접을 반대쪽으로 접습니다(23쪽 참고).

9 몸판에 소매를 단다

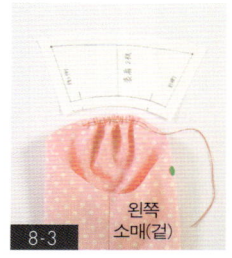

어깨 원단 패턴의 맞춤점에 맞춰, 소매산의 실을 잡아당겨 주름을 잡습니다.

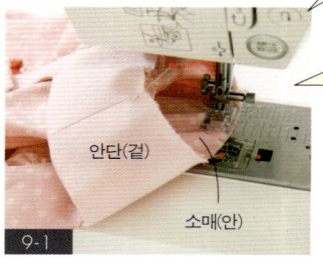

몸판 안에 소매를 넣어 겉끼리 맞댄 다음 시침핀으로 고정하고, 안쪽을 보면서 진동둘레를 박습니다.

Point 2 주름 부분은 송곳을 사용해 균등하게 눌러주면서 박으세요.

Point 1 아래쪽이 되는 시접 모서리는 원단용 풀로 붙여줍니다.

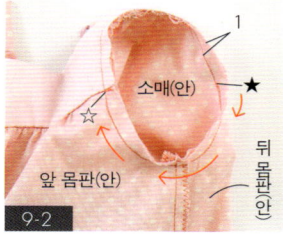

뒤 몸판의 안단 밑(★표)에서 봉제를 시작해, 소매밑은 이중으로 박고 앞 몸판의 안단 밑(☆표)까지 박아줍니다 (★-☆ 사이가 이중으로 봉제됩니다).

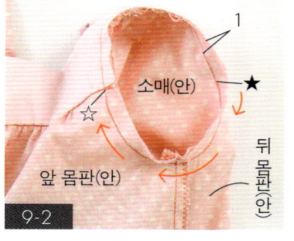

소매 시접은 지그재그박기로 처리하고, 소매 쪽으로 접습니다.

10 몸판의 밑단과 소맷부리를 처리한다

몸판의 밑단과 소맷부리를 두 번 접어 코바스티치 합니다. 봉제를 시작할 때와 끝마칠 때는 겹쳐박기 합니다(17쪽 참고).

11 단추를 단다

단추를 답니다(117쪽 참고).

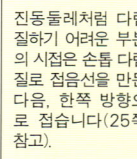

Point
진동둘레처럼 다림질하기 어려운 부분의 시접은 손톱 다림질로 접음선을 만든 다음, 한쪽 방향으로 접습니다(25쪽 참고).

Process

1-1

개더 캐미솔

(58쪽) 실물 크기 패턴 C면

재료

※ 치수는 왼쪽부터 100/110/120/130cm
겉감 (스트라이프무늬 리넨) 110cm 폭 x 55/60/65/70cm
접착심 (어깨 안감·앞안단·뒤안단 분) 90cm 폭 x 30cm
지름 1cm 단추 … 2개

봉제 순서

1. 원단을 재단하고, 시접 다림질하기
2. 어깨 겉감과 안감을 맞대어 박기
3. 뒤 바대·안단과 어깨를 맞대어 박기
4. 앞 바대·안단과 어깨를 맞대어 박기
5. 진동둘레를 바이어스감으로 처리하기
6. 뒤 슬릿 만들기(62쪽 4 참고)
7. 몸판에 주름을 잡아 바대를 연결하기
8. 바대에 스티치하기
9. 양옆을 박고, 쌈솔로 처리하기(24쪽 2·3 참고)
10. 몸판의 밑단 처리하기(64쪽 10 참고)
11. 단추와 끈 달기

재단 배치도

※ 따로 표시해둔 부분 이외의 시접은 1cm
※ 치수는 위에서부터 100/110/120/130cm
※ 빗금친 부분(앞 안단·뒤 안단·어깨 안감) 안쪽에 접착심을 붙인다

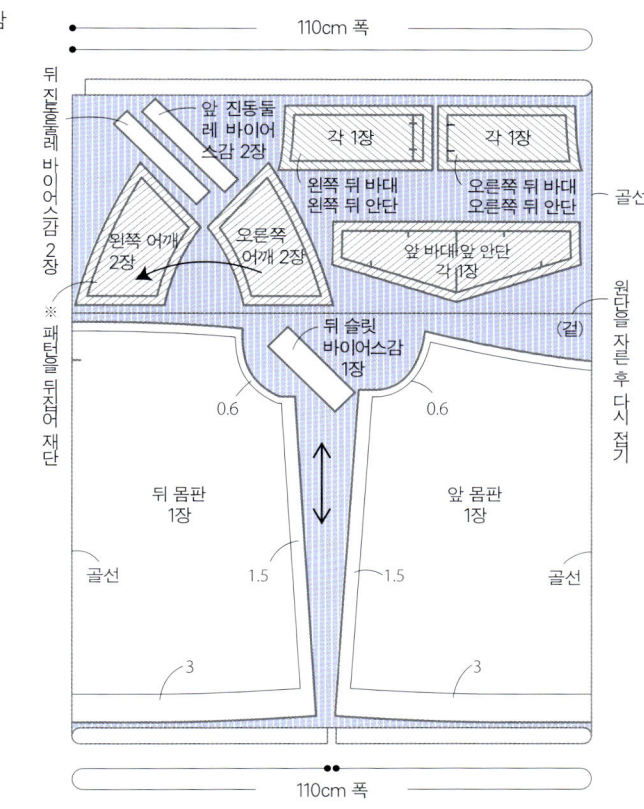

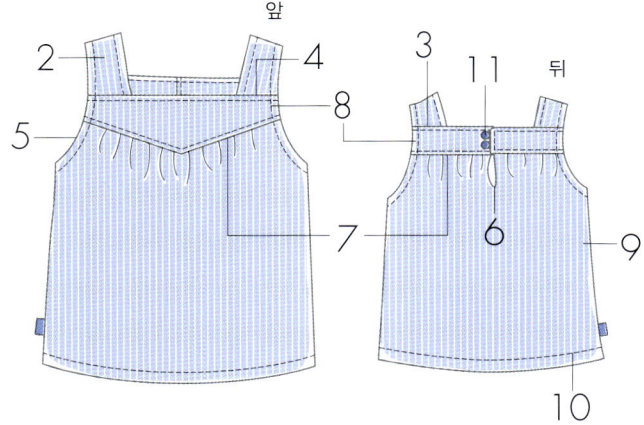

1 원단을 재단하고, 시접을 다림질한다

지정 파트에는 접착심을 붙이고, 각 부분을 다리미로 접어준다.

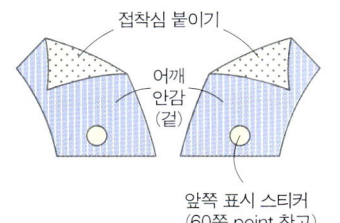

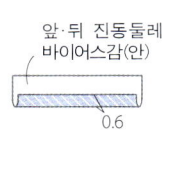

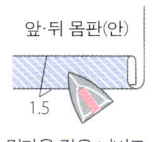

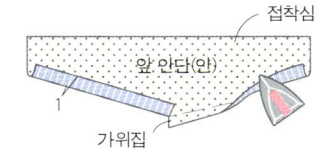

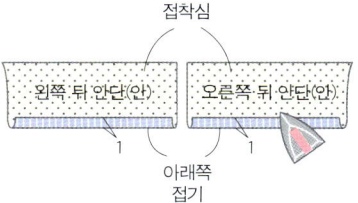

2 어깨 겉감과 안감을 맞대어 박는다

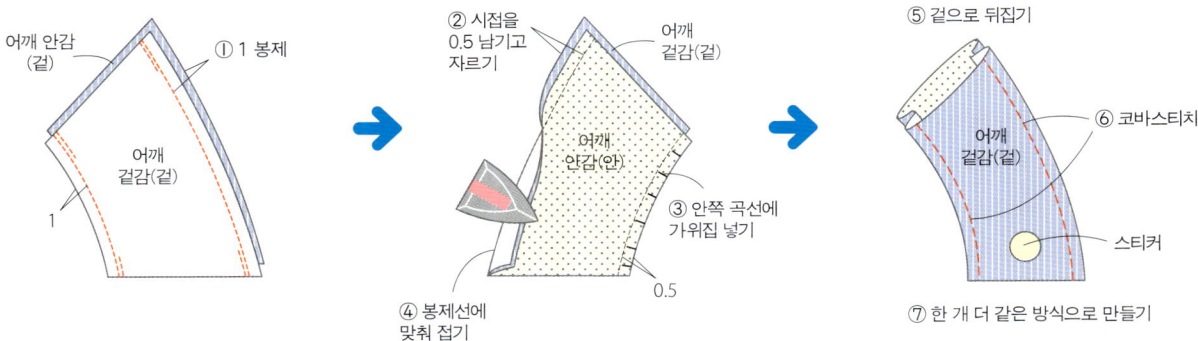

3 뒤 바대·안단과 어깨를 맞대어 박는다

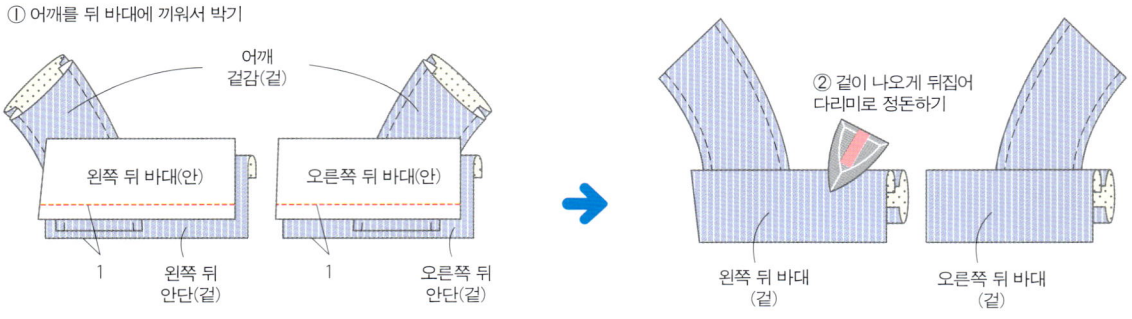

4 앞 바대·안단과 어깨를 맞대어 박는다

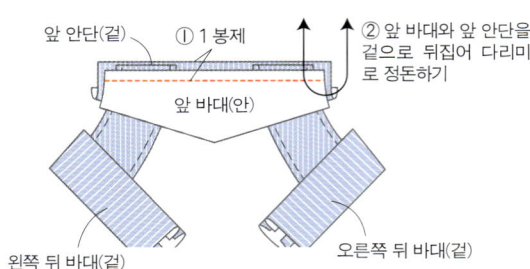

5 진동둘레를 바이어스감으로 처리한다

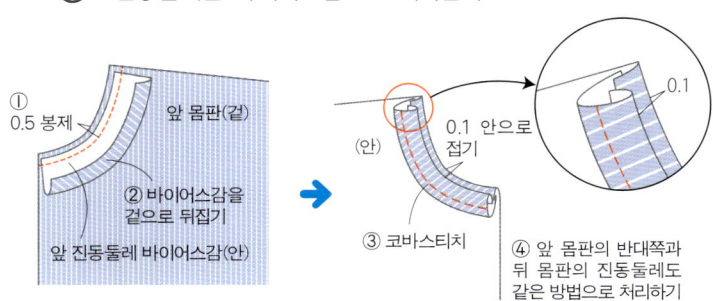

7 몸판에 주름을 잡아 바대를 연결한다

※ 몸판에 큰 땀으로 박기 방법은 63쪽 5를 참고합니다.

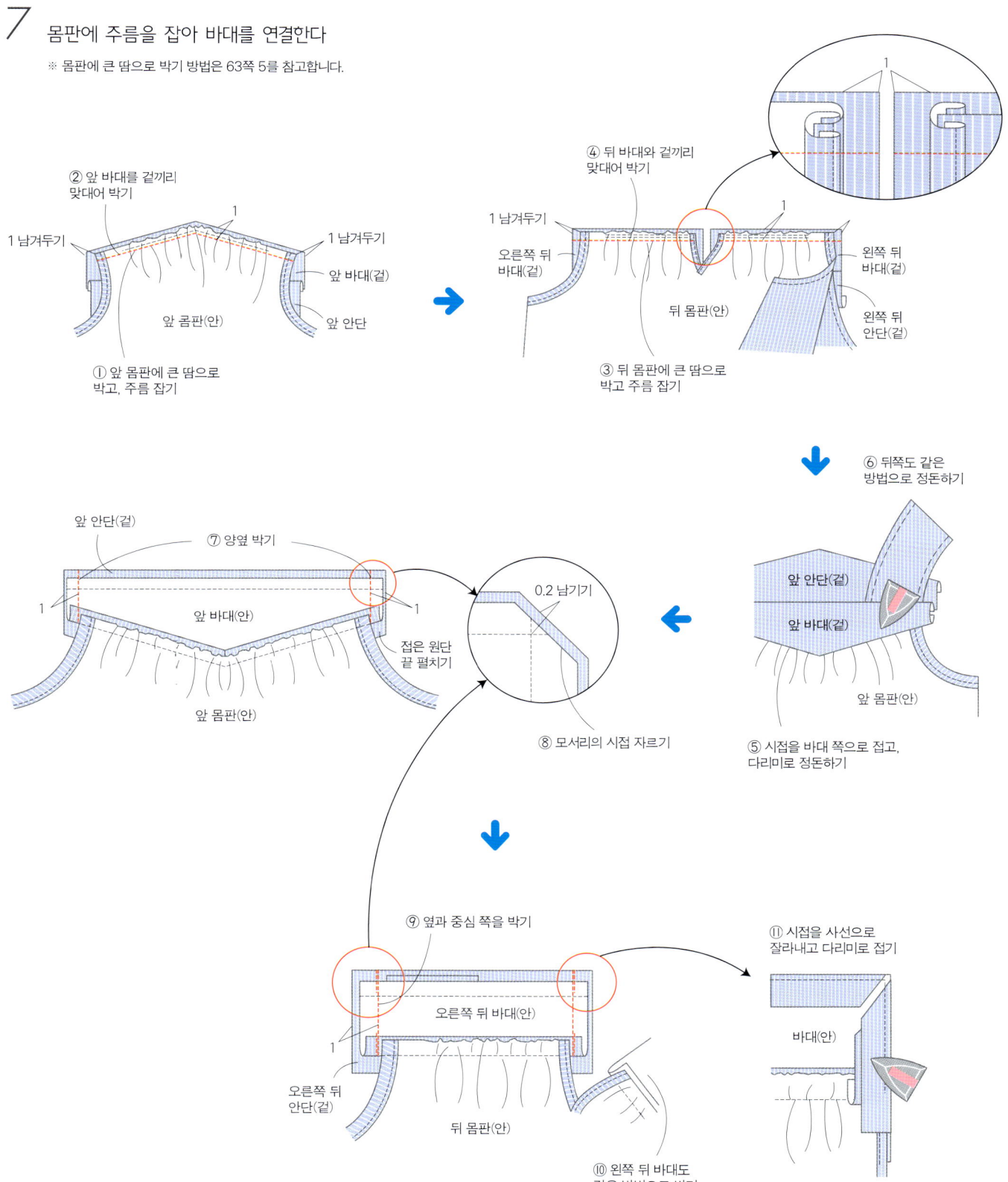

8 바대에 스티치한다

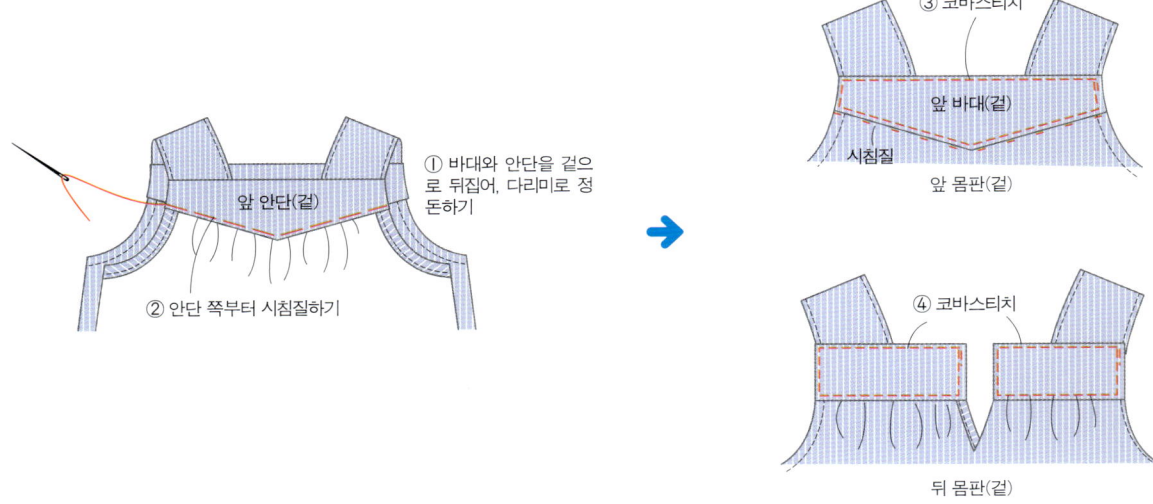

11 단추와 끈을 단다

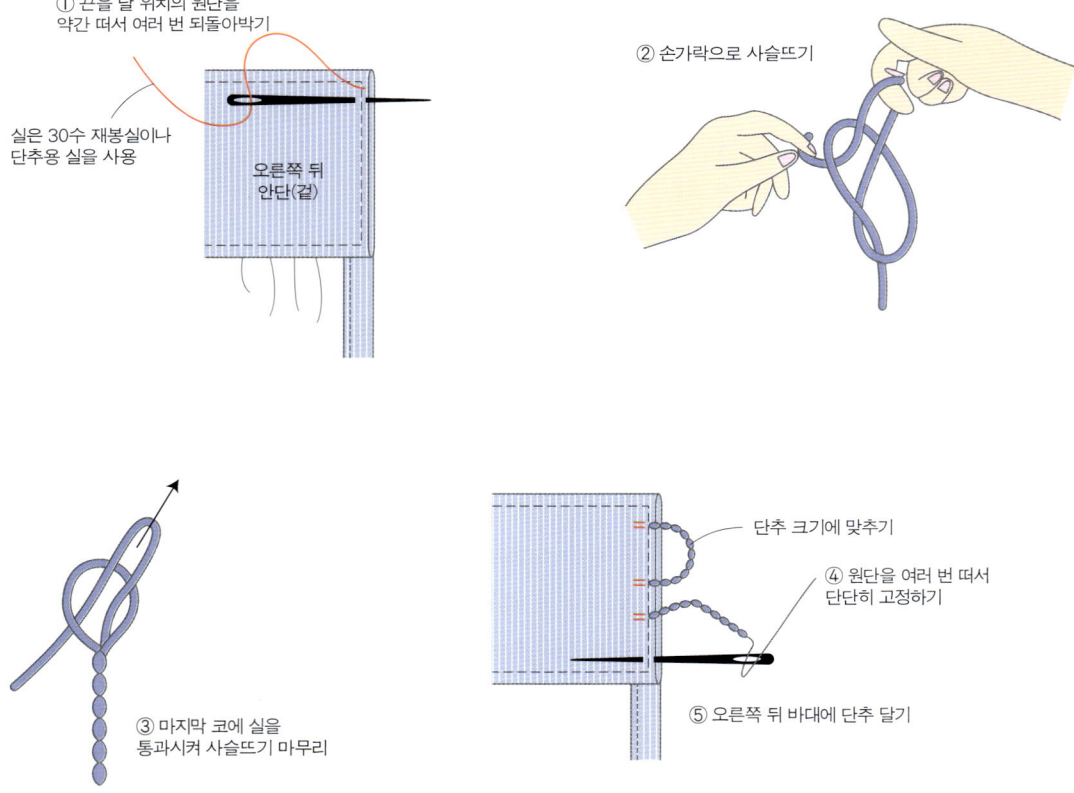

셔츠 & 코트
Shirt&Coat

작품 L 후드 코트(86쪽)

J-1 풀오버 셔츠

단추를 단 앞섶과 작은 가슴주머니가 포인트인 풀오버 셔츠입니다. 더운 계절 외출할 때 입기 좋은 디자인으로, 가벼운 착용감의 얇은 원단이 잘 어울립니다. 앞섶 부분은 한 장 재단으로 간단히 만들 수 있습니다. 뒤 몸판에는 턱, 밑단 옆에는 슬릿이 있습니다. 바대와 안단은 모양이 같으므로, 안단을 다른 원단을 사용하면 헷갈리지 않고 봉제할 수 있어요.

How to make P.72

J-2 절개 블라우스

남자아이용 풀오버 셔츠(작품 J-1)를 주름 절개 디자인으로 응용해 여자아이에게 잘 어울리도록 바꾼 블라우스입니다. 평상복으로도 외출복으로도 좋아요. 이 작품도 앞섶 부분은 한 장 재단으로 간단히 완성할 수 있습니다. 바대와 구별하기 쉽도록 안단은 다른 원단을 사용하세요.

How to make P.122

※ 개더 스커트는 작품 B(20쪽)를 참고

Process

J-1
풀오버 셔츠

(70쪽) 실물 크기 패턴 B면

재료

※ 치수는 왼쪽부터 100/110/120/130cm
겉감 (카키색 브로드클로스) 110cm 폭 x 70/75/75/80cm
별도 원단 (리버티프린트) 110cm 폭 x 20cm
접착심 (앞섶 분) 15cm x 25cm
지름 1.2cm 단추 … 3개

봉제 순서

1 원단을 재단하고, 시접 다림질하기
2 주머니 달기
3 바대와 안단의 어깨를 박고, 목둘레를 맞대어 박기
4 몸판과 바대·안단을 맞대어 박기
5 앞섶 만들기
6 몸판에 소매 달기(123쪽 6 참고)
7 소매밑과 옆을 이어서 박고, 슬릿 만들기(123쪽 7 참고)
8 소맷부리와 밑단을 두 번 접어박기(64쪽 10 참고)
9 단춧구멍을 만들고, 단추 달기(83쪽 15 참고)

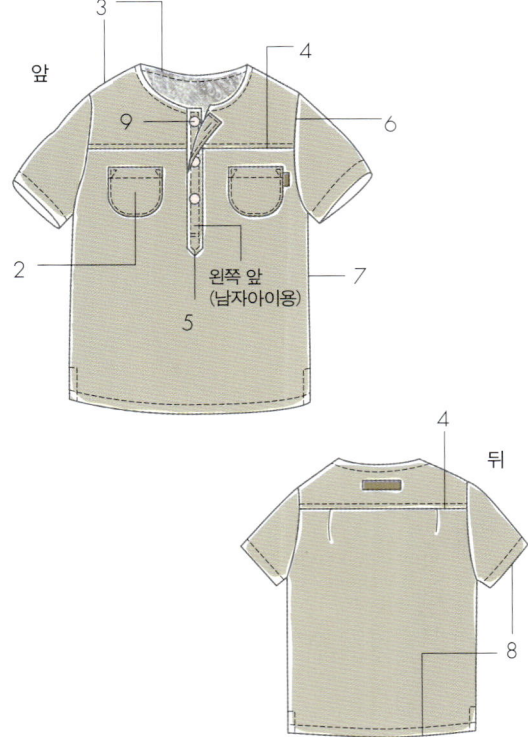

재단 배치도

※ 따로 표시해둔 부분 이외의 시접은 1cm
※ 치수는 위에서부터 100/110/120/130cm
※ 빗금친 부분(앞섶) 안쪽에 접착심을 붙인다

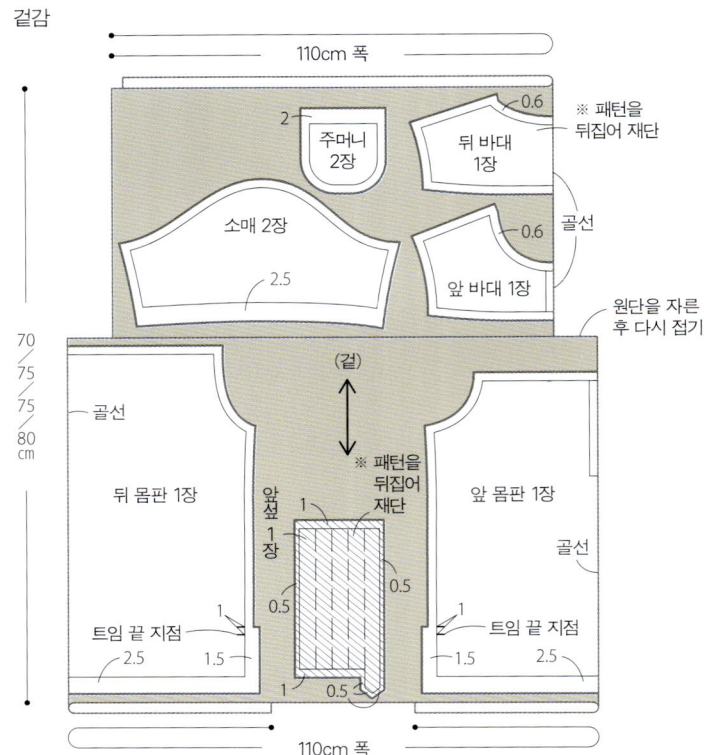

1 원단을 재단하고 시접을 다림질한다

※ 앞섶 부분 외의 다림질 처리는 122쪽을 참고합니다.

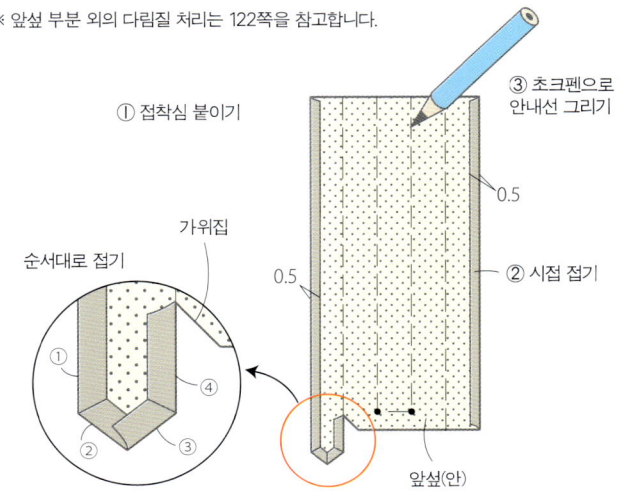

2 주머니를 단다

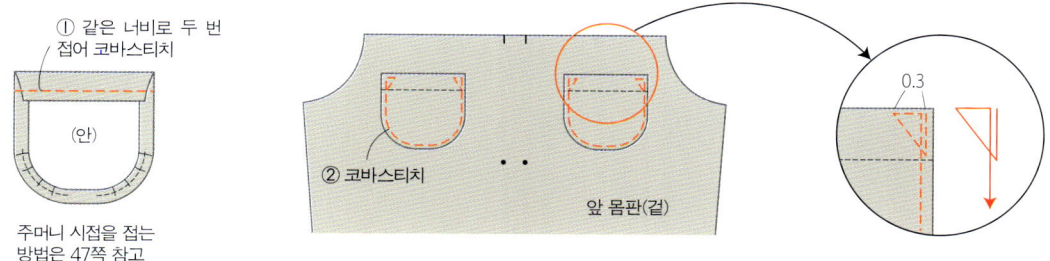

3 바대와 안단의 어깨를 박고, 목둘레를 맞대어 박는다

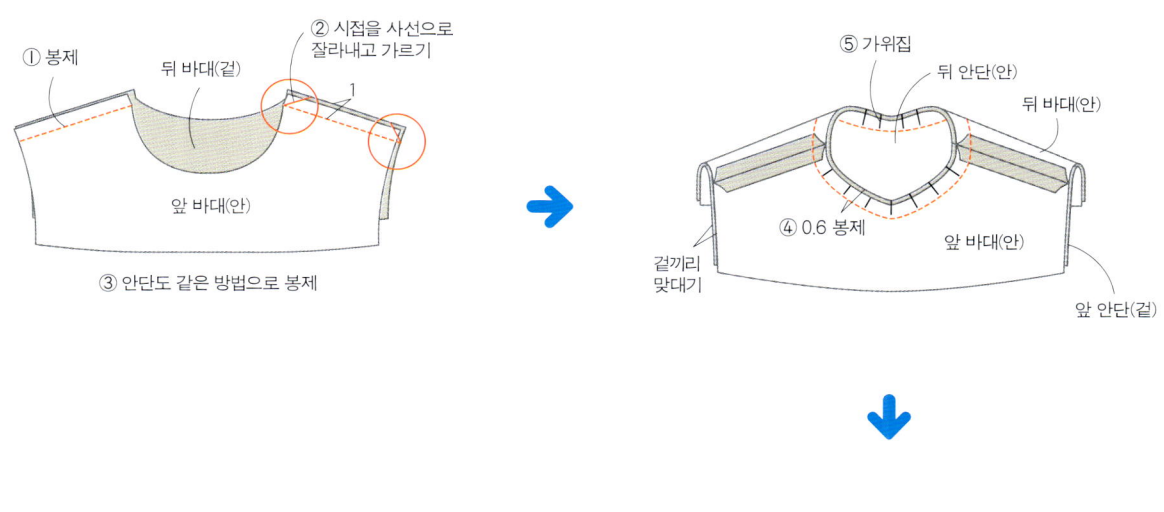

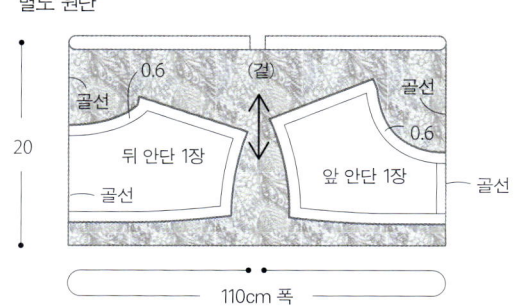

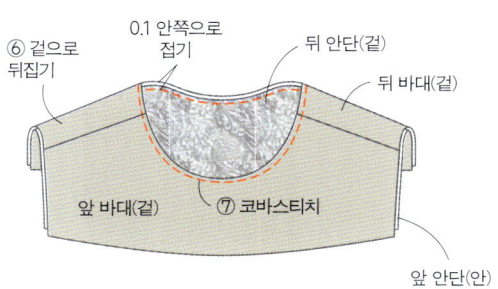

4 몸판과 바대·안단을 맞대어 박는다

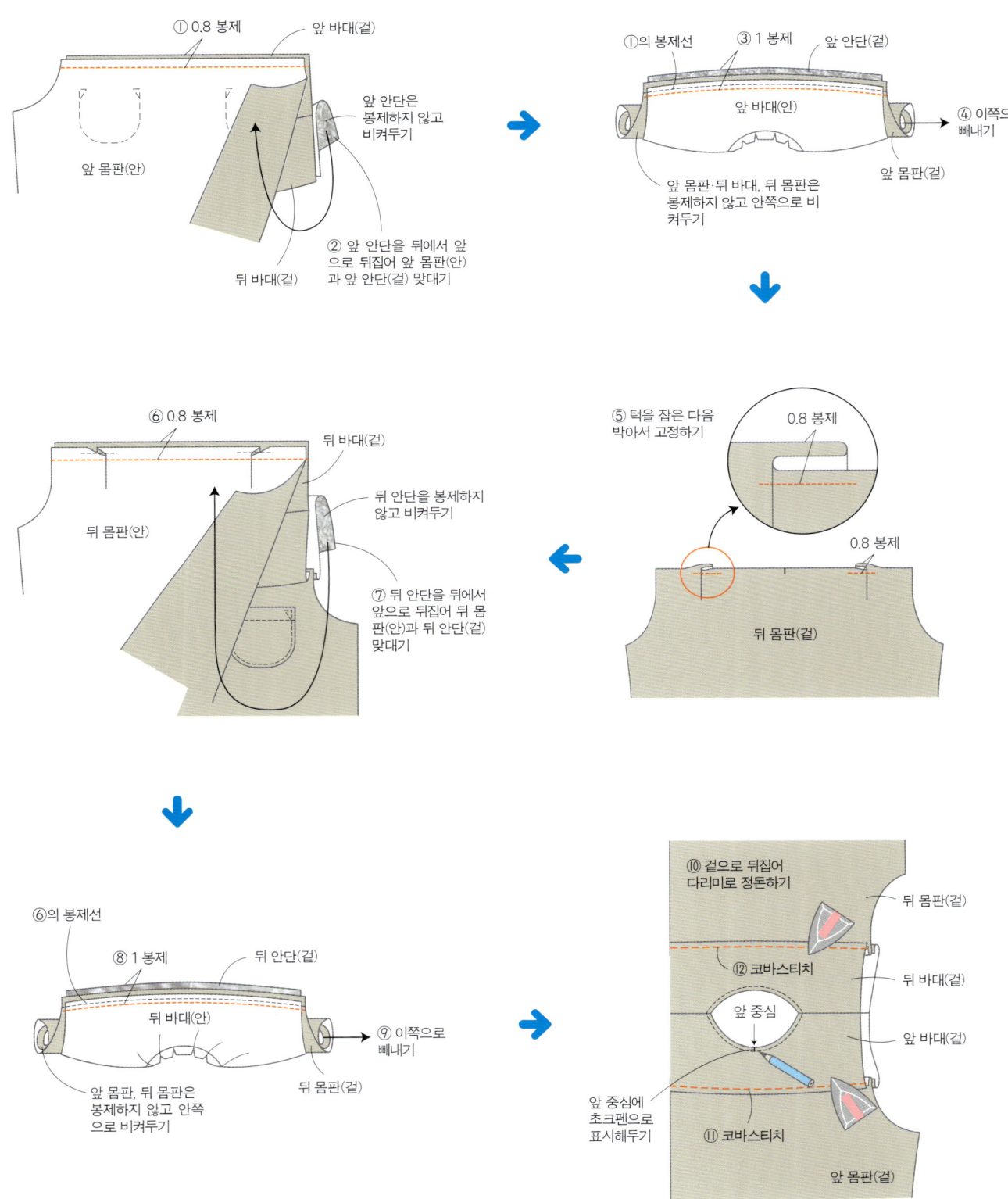

5 앞섶을 만든다

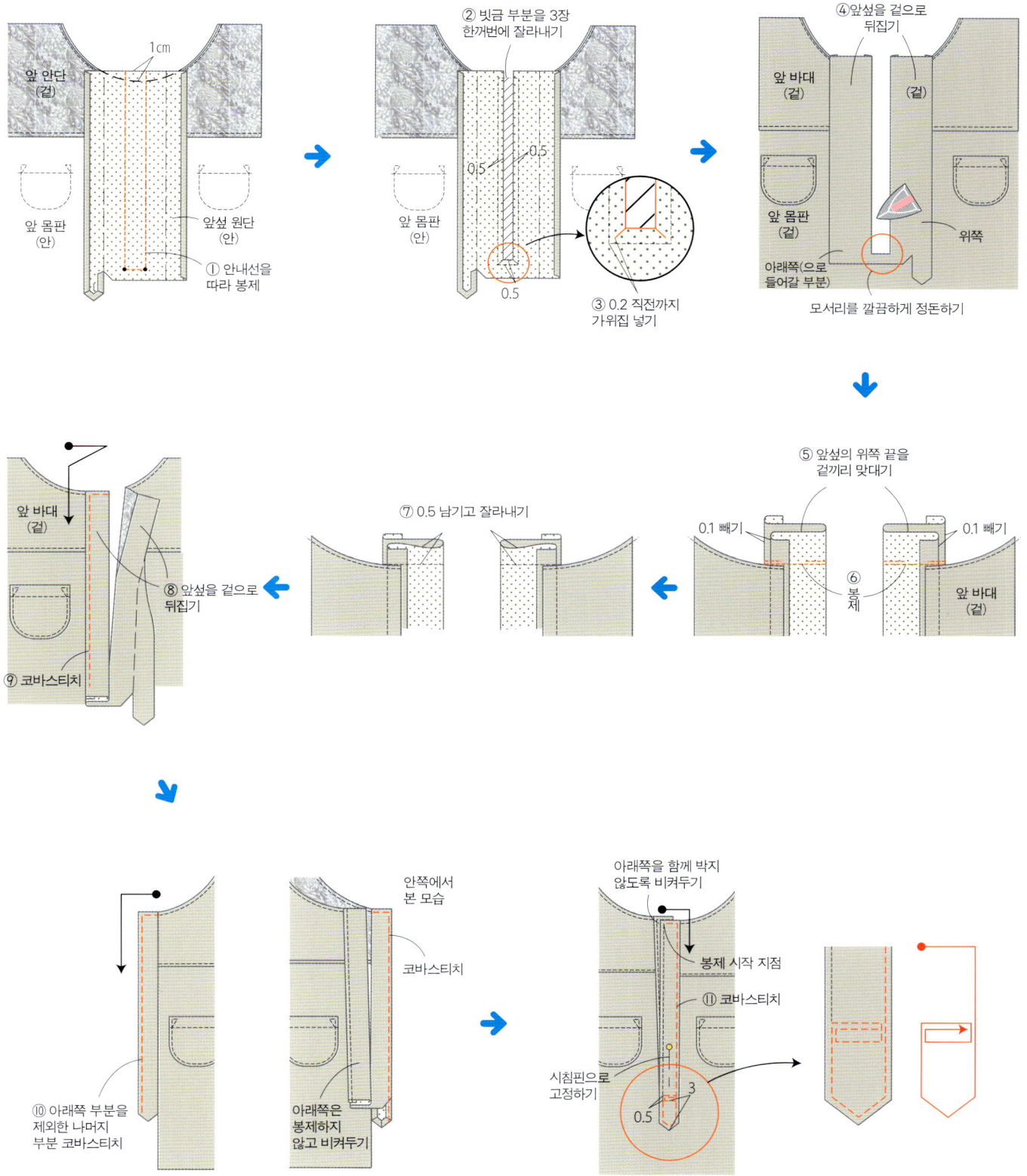

K-1 스텐칼라 셔츠

하나 마련해두면 여러모로 편리한 스텐칼라 셔츠는 셔츠를 만드는 가장 기본적인 방법을 배울 수 있는 옷이랍니다. 다양한 매치가 가능한 스텐칼라에 커프스도 있는 정통 방식으로 만듭니다. 바대 부분은 안단으로 감싸므로 안쪽도 깔끔하게 마무리됩니다. 안단을 별도의 원단으로 만들면, 보기에도 맵시 있고 봉제할 때도 헷갈리지 않아 좋아요.

How to make P.78 (Lesson10)

K-2 둥근 칼라 블라우스

외출할 때나 모임, 행사 등이 있을 때 입을 수 있는 단정한 블라우스입니다. 칼라 끝과 앞섶에 프릴을 달아, 스텐칼라 셔츠(작품 K-1)를 여자아이에게 어울리게 응용한 귀여운 디자인이에요. 목둘레가 낮은 플랫 칼라에 커프스도 달려있는 정통 방식으로, 셔츠를 만드는 기본 방법을 익힐 수 있습니다. 안단에 다른 원단을 사용하면 바대와 헷갈리지 않고 봉제할 수 있을 뿐만 아니라 보기에도 훨씬 더 귀여운 디자인이 된답니다.

How to make P.84

Lesson 10
K-1
스텐칼라 셔츠
(64쪽) 실물 크기 패턴 C면

재료
※ 치수는 왼쪽부터 100/110/120/130cm
겉감 (머스터드색 브로드클로스)
　　　110cm 폭 x 105/110/115/120cm
접착심 … 90cm 폭 x 30cm (공통)
지름 1.1cm 단추 … 7개 (공통)

봉제 순서
1　원단을 재단하고, 시접 다림질하기
2　앞 몸판에 주머니 달기
3　앞 안단의 목둘레와 밑단 끝 박기
4　뒤 몸판에 턱 박기
5　뒤 몸판에 바대와 안단 연결하기
6　어깨 박기
7　칼라 만들기
8　칼라를 몸판에 이어 붙이기
9　소맷부리에 트임 만들기
10　소맷부리의 턱 박기
11　몸판에 소매달기
12　소매밑과 양옆 박기
13　소맷부리에 커프스 달기
14　밑단·앞섶·칼라를 둘러가며 눌러박기
15　단춧구멍을 만들고 단추 달기

재단 배치도
※ 원단 겉면에 패턴을 배치해 재단한다
※ 따로 표시해둔 부분 이외의 시접은 1cm
※ 치수는 위에서부터 100/110/120/130cm
※ 빗금친 부분(소맷부리 커프스·칼라 안감) 안쪽에 접착심을 붙인다

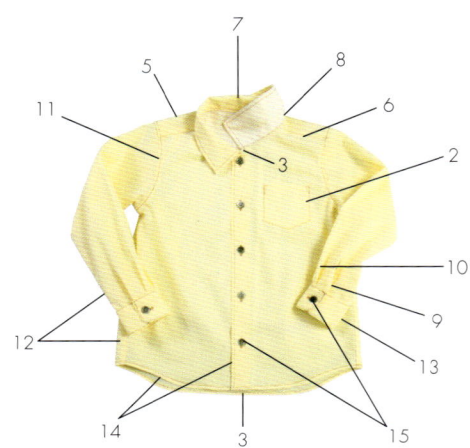

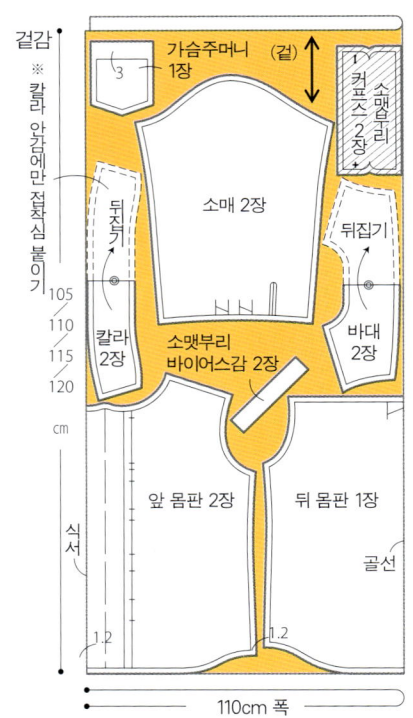

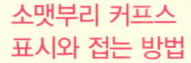

소맷부리 커프스 표시와 접는 방법

소맷부리 커프스의 안쪽 전체에 접착심을 붙이고, 송곳으로 표시한 후, 가위집을 냅니다. 안끼리 서로 맞댄 2장의 커프스 사이에 초크페이퍼를 끼우고, 패턴을 그 위에 덧대어 룰렛으로 따라 그립니다.

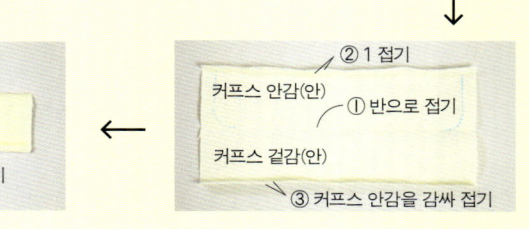

표시는 커프스 안감 쪽에만 해도 OK! ①~③ 순서대로 접고, 다리미로 접음선을 냅니다.

※ 커프스 겉감이 약간 더 크게 접힙니다.

1 원단을 재단하고 시접을 다림질한다

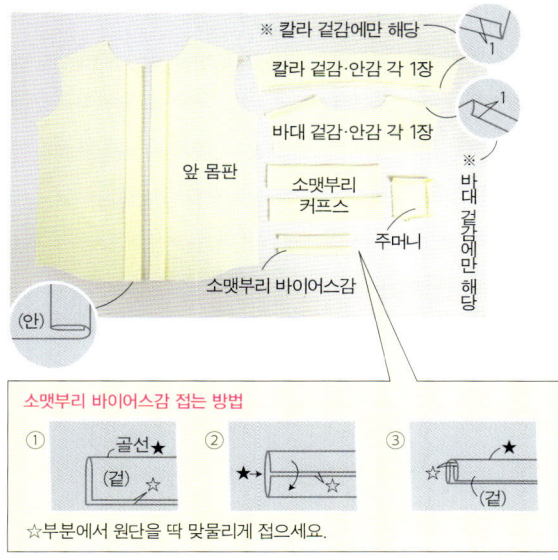

패턴에 시접을 넣어 원단을 재단하고, 가위집을 냅니다. 접착심은 소맷부리 커프스와 칼라 안감의 안쪽 전체에 붙입니다.

※ 소매는 앞뒤를 헷갈리기 쉬우므로, 앞쪽 겉에 표시로 스티커를 붙여둡니다.

시접의 다림질 처리

[앞 몸판]
앞섶을 같은 너비로 두 번 접기
[칼라 겉감]
목둘레 쪽 시접을 한 번 접기
[바대 겉감]
어깨 시접을 한 번 접기

[소맷부리 커프스]
접착심을 붙인 다음 반으로 접고, 그다음 시접 접기(86쪽 하단 사진 참고)
[소맷부리 바이어스감]
세 번 접기(왼쪽 그림 참고)
[가슴주머니]
주머니 입구는 1.5cm 폭만큼 같은 너비로 두 번 접고, 그 외에는 1cm로 한 번 접기

2 가슴주머니를 왼쪽 앞 몸판에 단다

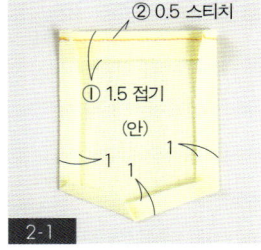
2-1

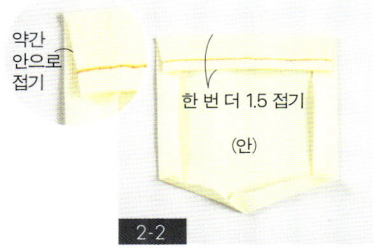
2-2

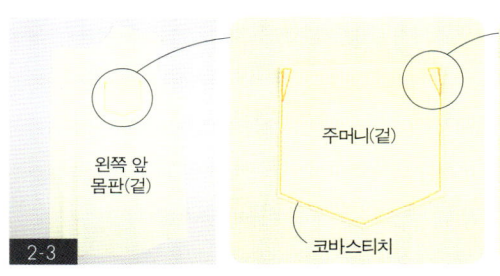
2-3

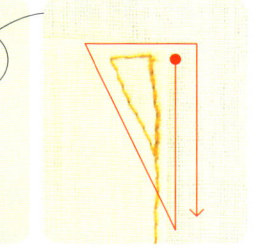

주머니 입구의 시접을 1.5cm 접고, 0.5cm 안쪽에 스티치를 합니다.

주머니 입구를 또 한 번 1.5cm 접고(같은 너비로 두 번 접기). 모서리의 시접은 약간 안쪽으로 접어서 다리미로 눌러줍니다.

왼쪽 앞 몸판에 주머니를 코바스티치로 답니다.

모서리는 화살표 방향대로 삼각형 모양으로 박아줍니다(되돌아박기를 하지 않고 봉제를 시작해, 겹쳐 봉제된 부분이 이중으로 박아집니다).

3 앞 안단의 목둘레와 밑단 끝을 박는다

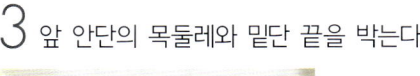

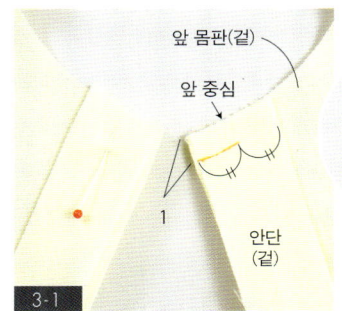
3-1

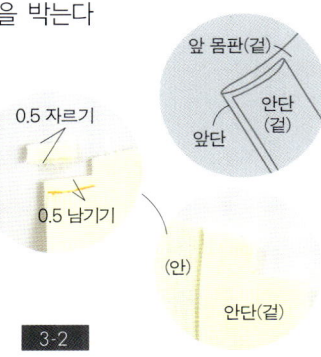
3-2

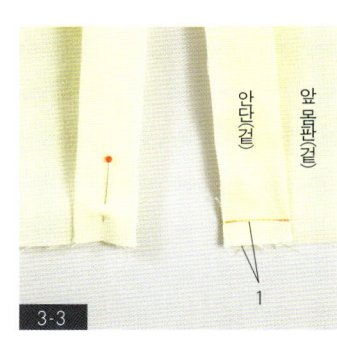
3-3

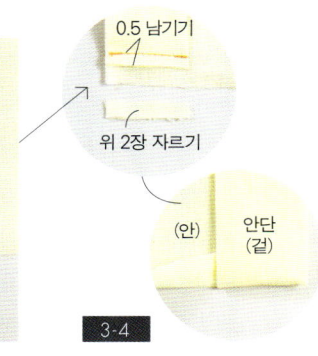
3-4

앞 안단의 두 번 접기를 위 그림처럼 새로 접고, 목둘레의 모서리를 박아줍니다(안단 폭 중앙에서 봉제를 멈춥니다. 나머지 안단도 같은 방법으로 봉제합니다).

모서리의 시접을 0.5cm 잘라내고 안단을 안쪽으로 뒤집습니다.

앞 안단을 1과 같은 방법으로 접고, 밑단의 모서리를 박습니다(안단 폭 전부를 박아줍니다).

모서리의 시접을 0.5cm 남기고, 위 2장만 자른 다음, 안단을 안쪽으로 뒤집어 앞섶을 만듭니다.

4 뒤 몸판의 턱을 박는다

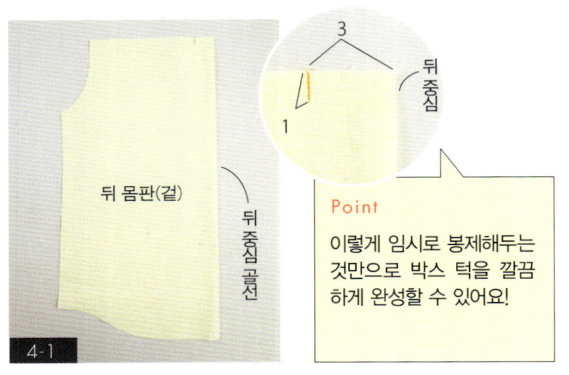
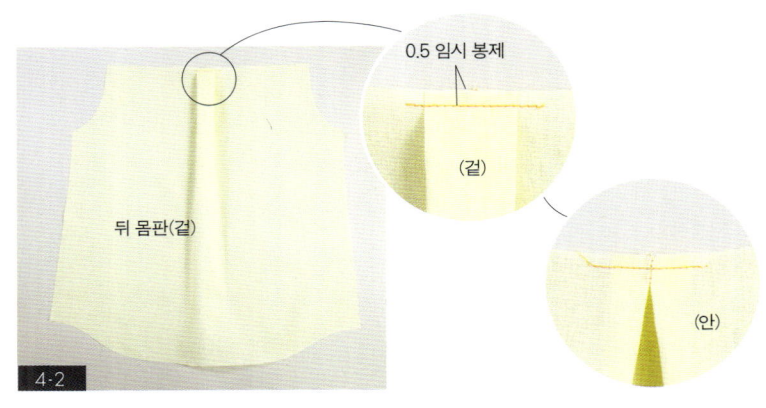

뒤 몸판을 안끼리 맞대어 반으로 접고, 뒤 중심에서 3cm 안쪽을 임시로 박아줍니다.

박스 턱을 펼쳐서 임시로 박은 봉제선과 뒤 중심을 맞춰, 0.5cm 부분을 임시로 박아줍니다.

Point 이렇게 임시로 봉제해두는 것만으로 박스 턱을 깔끔하게 완성할 수 있어요!

5 뒤 몸판에 바대 겉감·안감을 연결한다

※ 바대 안감은 구별하기 쉽도록 별도 원단을 사용합니다.

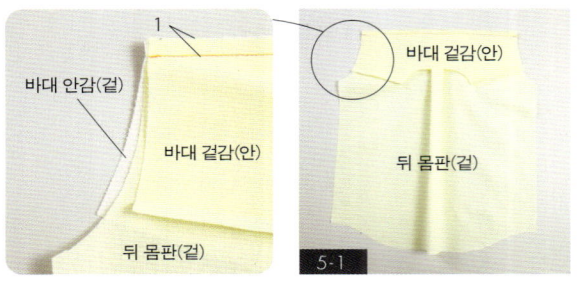
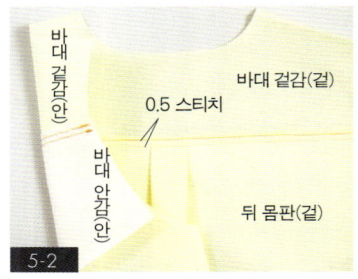

바대 겉감·안감을 겉끼리 맞대어, 그 사이에 뒤 몸판을 끼워 박습니다(이때 뒤 몸판과 바대 겉감을 겉끼리 맞댑니다).

바대 겉감만 겉으로 뒤집어 겉쪽에서 0.5cm 폭으로 스티치해 시접을 눌러줍니다.

6 어깨를 박는다

앞 몸판과 바대 안감을 겉끼리 맞대어 어깨를 박고, 시접은 바대 안감 쪽으로 접습니다.

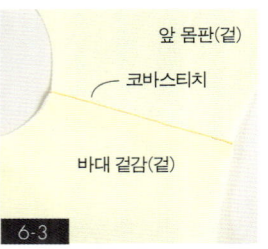
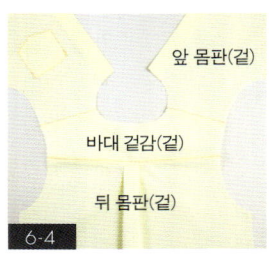

바대 겉감 어깨의 시접을 접고, 어깨의 봉제선을 덮어 시침핀으로 고정합니다.

겉에서 코바스티치해 눌러줍니다.

반대쪽 어깨도 마찬가지로 박습니다.

7 칼라를 만든다

※ 칼라 안감은 구별하기 쉽도록 별도의 원단을 사용합니다.

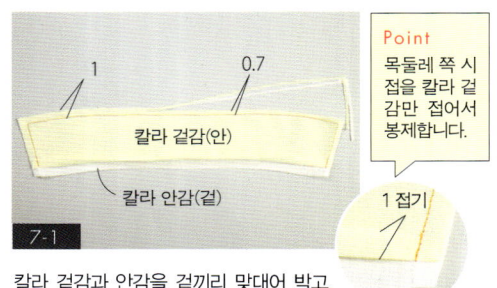

칼라 겉감과 안감을 겉끼리 맞대어 박고, 시접을 0.7cm 폭으로 잘라 정돈합니다.

Point 목둘레 쪽 시접을 칼라 겉감만 접어서 봉제합니다.

8 칼라를 몸판에 이어 붙인다

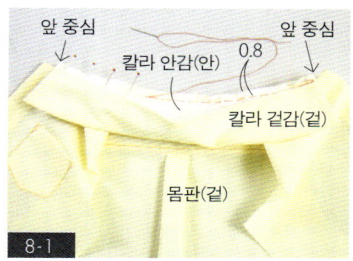
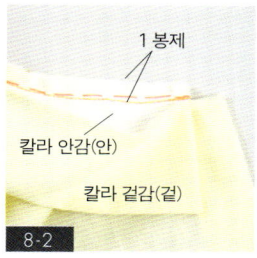

7-2 모서리의 시접을 2번에 걸쳐 잘라냅니다.

7-3 다리미로 시접을 칼라 안감 쪽으로 접습니다.

7-4 칼라를 겉으로 뒤집어 모양을 잡아줍니다.

8-1 몸판과 칼라 안감을 겉끼리 맞대어(칼라의 양쪽 끝은 앞 중심에 맞춥니다) 0.8cm 부분을 시침질합니다.

8-2 칼라의 한쪽 끝에서 끝까지 박아줍니다.

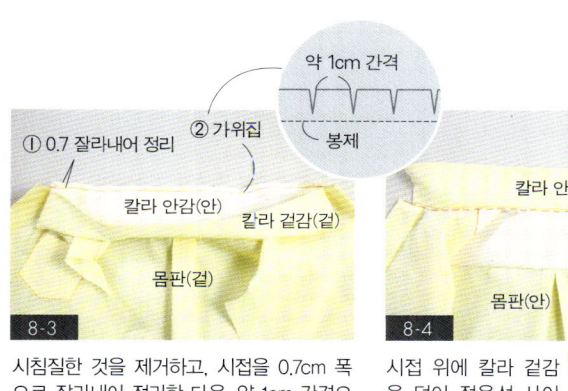
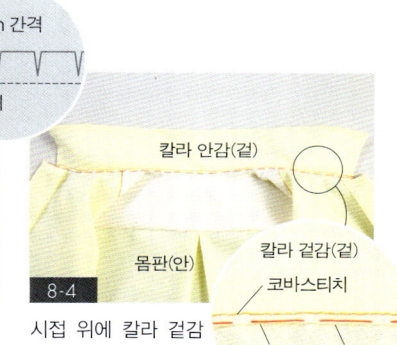

9 소맷부리에 트임을 만든다

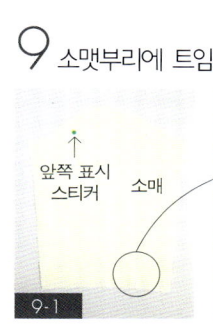
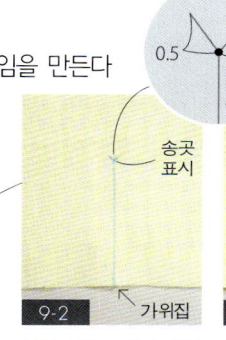

8-3 시침질한 것을 제거하고, 시접을 0.7cm 폭으로 잘라내어 정리한 다음, 약 1cm 간격으로 가위집을 냅니다.

8-4 시접 위에 칼라 겉감을 덮어 접음선 사이에 시침질을 하고, 시침질 선 바로 옆에 코바스티치를 합니다.

9-1 좌우 소매의 뒤쪽(겉)에 트임 위치를 표시합니다 (사진은 왼쪽 소매의 경우).

9-2 자를 대고, 패턴 위의 송곳 표시와 가위집을 이어 초크펜으로 선을 그립니다.

9-3 가위로 가위집을 내고, 트임 끝 지점은 Y자 형태로 자릅니다.

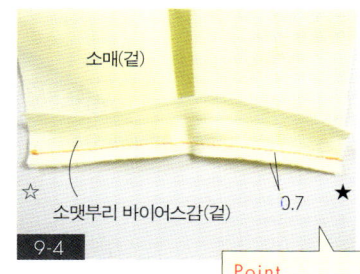
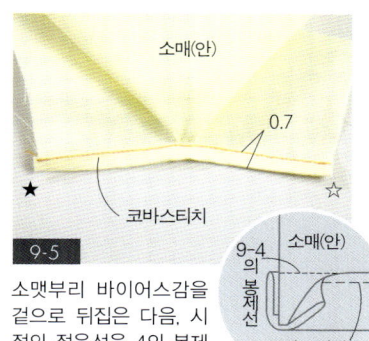

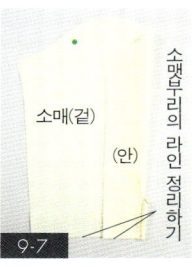

9-4 가위집 부분이 직선이 되도록 원단을 팽팽하게 펼치고, 소매와 소맷부리 바이어스감을 겉끼리 맞대어 박습니다.

Point 봉제할 때는 소매 안쪽(반대쪽)을 보면서 박아줍니다.

9-5 소맷부리 바이어스감을 겉으로 뒤집은 다음, 시접의 접음선을 4의 봉제선 위로 덮어 코바스티치로 눌러줍니다.

9-6 트임 부분의 바이어스 처리를 완성한 모습입니다.

9-7 트임 부분의 선을 따라 세로로 한 번 접고, 바이어스감의 골선 부분에 사선으로 되돌아박기 합니다.

10 소맷부리의 턱을 박는다

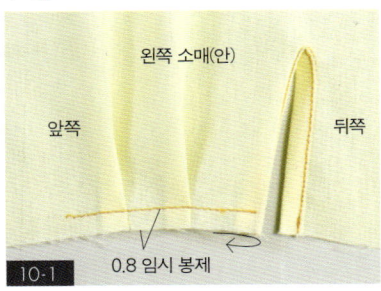
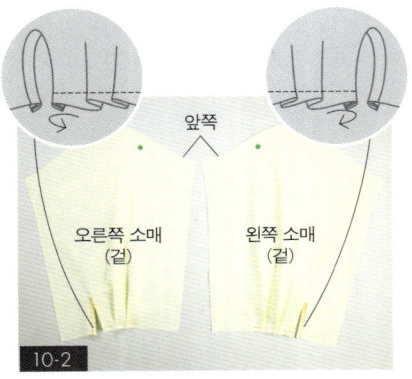

턱을 잡아(12쪽 참고) 임시로 박아줍니다. 이때 트임 부분의 바이어스감 앞쪽을 화살표 방향으로 안으로 접어 함께 박아줍니다.

오른쪽 소매도 같은 방법으로 봉제합니다. 트임 부분과 턱을 잡는 방향은 반대가 됩니다.

11 몸판에 소매를 단다

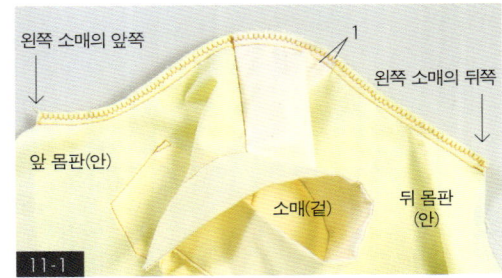

소매 위에 몸판을 겉끼리 맞대어 겹친 다음 목둘레를 박습니다. 시접은 2장 함께 지그재그박기로 처리합니다.

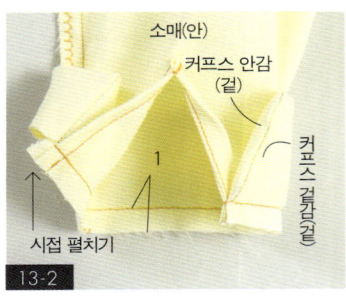

다리미로 시접을 몸판 쪽으로 접고, 겉에서 시접을 눌러주며 스티치합니다.

12 소매밑과 양옆을 박는다

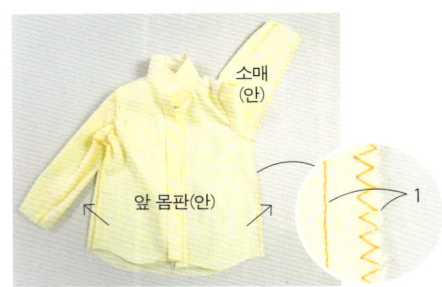

몸판을 겉끼리 맞대어, 소매밑과 옆을 이어서 박습니다. 시접은 2장 함께 지그재그박기 해 처리한 다음 뒤쪽으로 접습니다.

13 소맷부리에 커프스를 단다

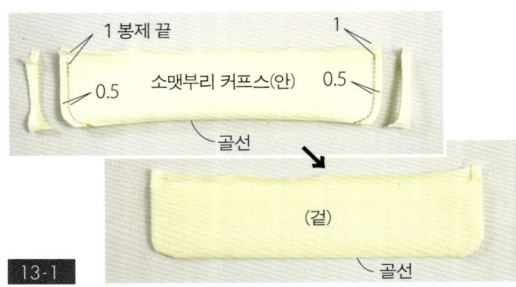

소맷부리 커프스를 겉끼리 맞대어 접고, 곡선 부분을 박습니다(끝에서 1cm 안쪽 지점에서 봉제를 멈춥니다). 양 끝의 시접을 0.5cm 남기고 잘라낸 다음, 겉으로 뒤집어 형태를 정돈합니다.

소매 안에 커프스 안감을 맞대어 박습니다. 바이어스감을 접지 않은 쪽 끝만 시접을 펼쳐서 박아줍니다.

Point 안쪽을 보면서 소매를 박아주세요.

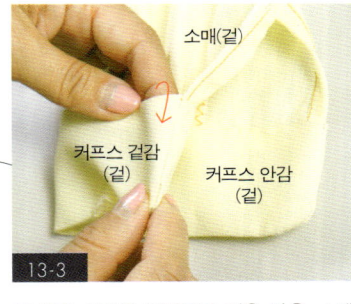

양 끝의 시접을 안쪽으로 접은 다음, 소매 쪽 시접의 접음선을 11-2의 봉제선 위에 덮어 시침핀으로 고정합니다.

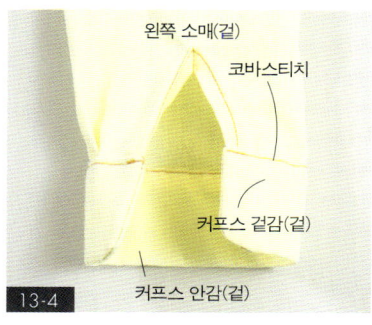
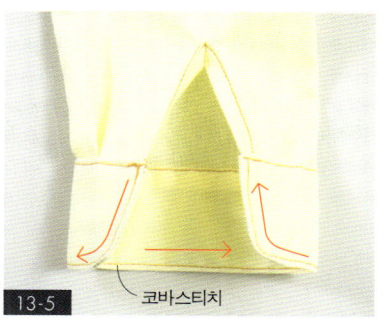

커프스의 소매 쪽 접음선을 끝에서 끝까지 코바스티치해 눌러줍니다.

커프스의 소맷부리 쪽 가장자리를 빙 둘러 코바스티치해 눌러줍니다.

14 밑단·앞섶·칼라를 한 바퀴 둘러 눌러박기 한다

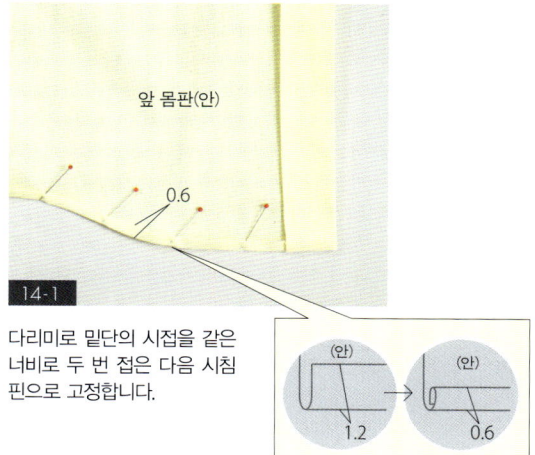

다리미로 밑단의 시접을 같은 너비로 두 번 접은 다음 시침핀으로 고정합니다.

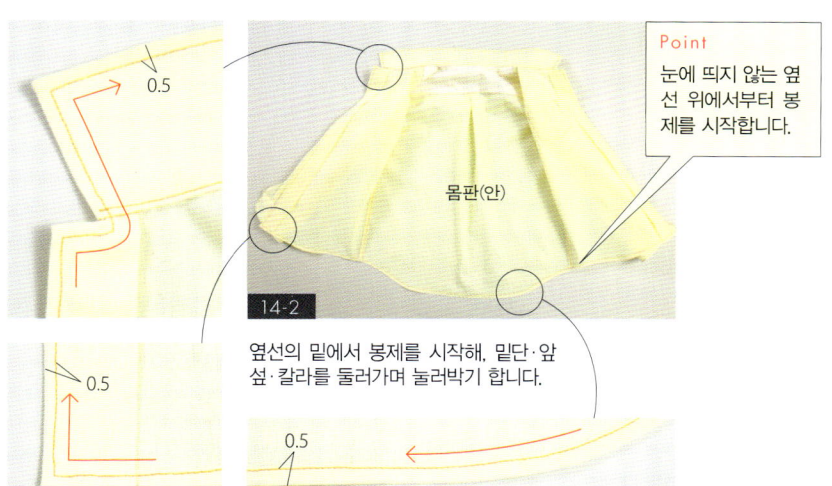

Point 눈에 띄지 않는 옆선 위에서부터 봉제를 시작합니다.

옆선의 밑에서 봉제를 시작해, 밑단·앞섶·칼라를 둘러가며 눌러박기 합니다.

15 단춧구멍을 만들고 단추를 단다

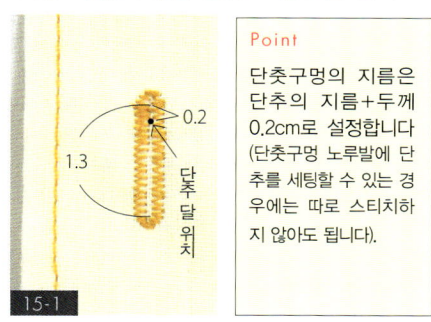

Point 단춧구멍의 지름은 단추의 지름+두께 0.2cm로 설정합니다 (단춧구멍 노루발에 단추를 세팅할 수 있는 경우에는 따로 스티치하지 않아도 됩니다).

위쪽 앞 몸판의 앞 중심에 지름 1.3cm의 단춧구멍 스티치를 합니다.

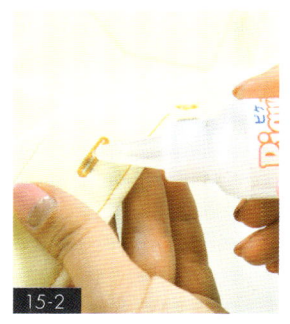

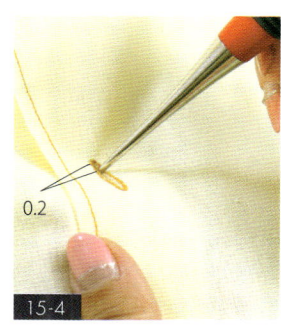

안쪽에 풀림 방지액을 바릅니다.

너무 많이 자르지 않도록 바로 앞에 시침핀을 꽂아두고, 칼로 구멍을 뚫어줍니다.

단추를 달 위치는 단춧구멍 위에서부터 0.2cm 아래 지점을 송곳으로 표시해둡니다.

커프스의 단춧구멍과 단추도 같은 방법으로!

Point 반드시 먼저 테스트봉제를 하고, 눈에 잘 띄지 않는 가장 아래의 단춧구멍부터 봉제하는 게 좋아요!

Process

K-2

둥근 칼라 블라우스

(77쪽) 실물 크기 패턴 C면

재료

※ 치수는 왼쪽부터 100/110/120/130cm
겉감 (연보라색 도트무늬 론) 110cm 폭 x 100/105/110/125cm
별도 원단 (면 브로드클로스) 90cm 폭 x 40cm
접착심 (소맷부리 커프스·칼라 안감 분) 60cm 폭 x 25cm
지름 1.1cm 단추 … 7개

봉제 순서

1. 원단을 재단하고, 시접 다림질하기
2. 앞섶 프릴을 봉제해 오른쪽 앞 몸판에 달기
3. 앞 몸판의 앞단을 처리하기
4. 뒤 몸판에 주름을 잡고, 바대 겉감·안감 붙이기(80쪽 5 참고)
5. 어깨 박기(80쪽 6 참고)
6. 칼라에 칼라 프릴을 달고 몸판에 이어 붙이기
7. 소맷부리에 트임 만들기(81쪽 9 참고)
8. 소맷부리에 주름 잡기
9. 몸판에 소매 달기(82쪽 11 참고)
10. 소매밑과 양옆 박기(82쪽 12 참고)
11. 소맷부리에 커프스 달기(82쪽 13 참고)
12. 밑단을 두 번 접어박기
13. 단춧구멍을 만들고 단추 달기(83쪽 15 참고)

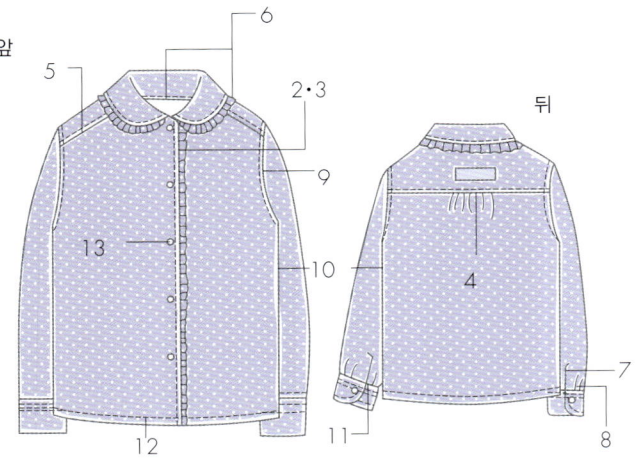

재단 배치도

※ 따로 표시해둔 부분 이외의 시접은 1cm
※ 치수는 위에서부터 100/110/120/130cm
※ 빗금친 부분(소맷부리 커프스·칼라 안감) 안쪽에 접착심을 붙인다

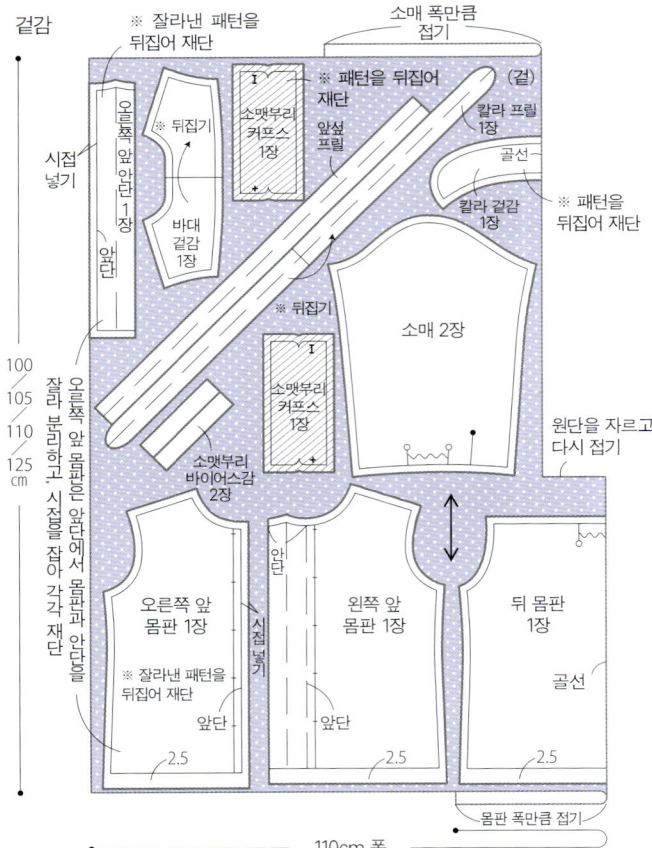

1 원단을 재단하고 시접을 다림질한다

지정된 파트에 접착심을 붙이고, 각 파트의 시접을 다리미로 접는다.

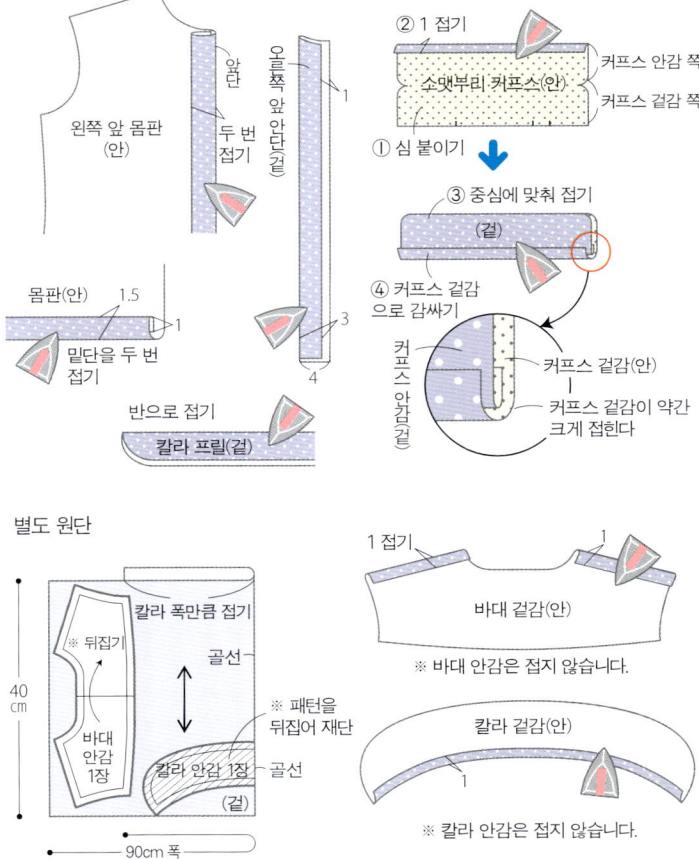

2 앞섶 프릴을 봉제해 오른쪽 앞 몸판에 단다

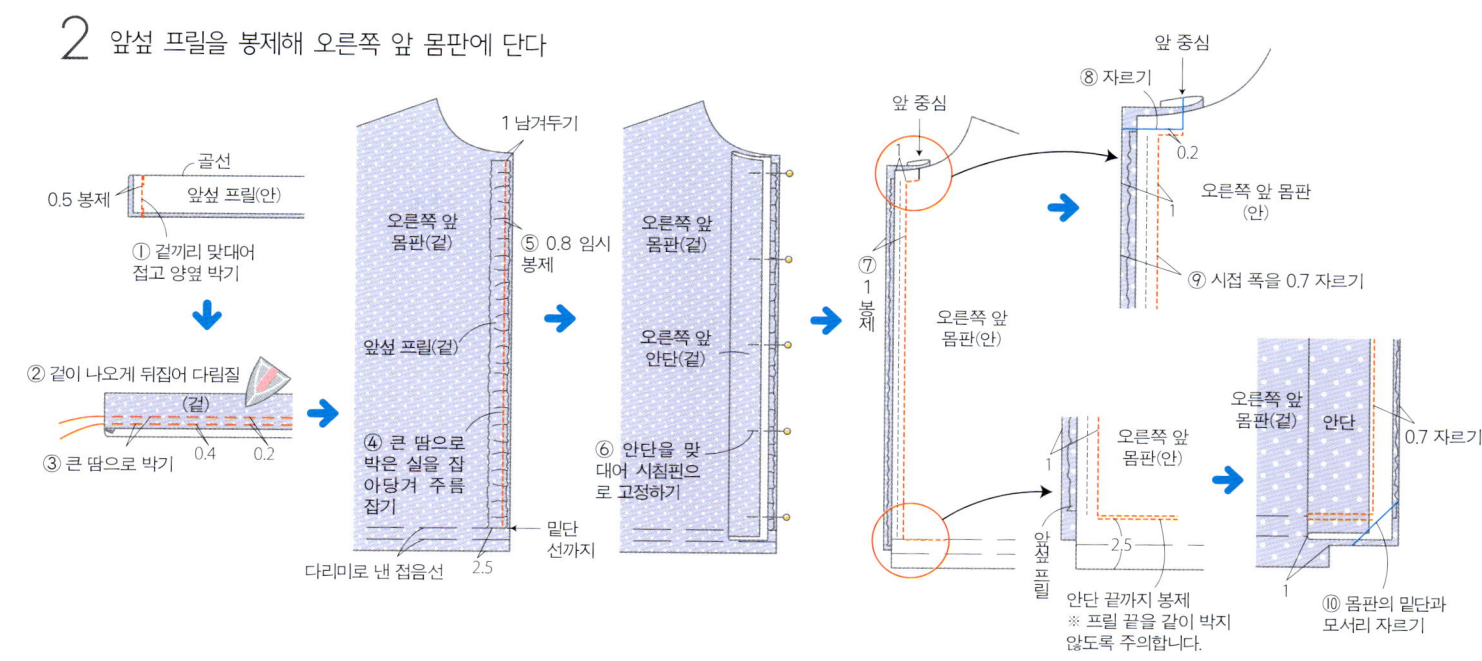

3 앞 몸판의 앞단을 처리한다

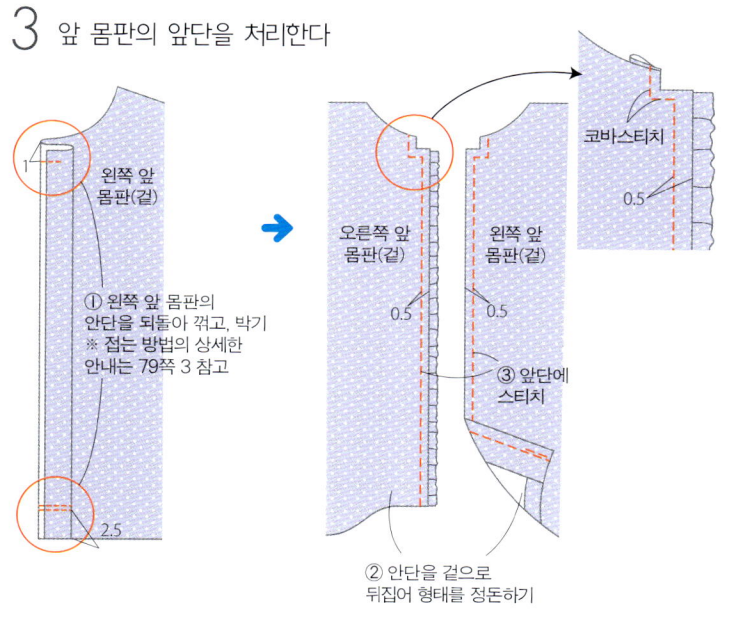

4 뒤 몸판에 주름을 잡고, 바대 겉감·안감을 붙인다(80쪽 5 참고)

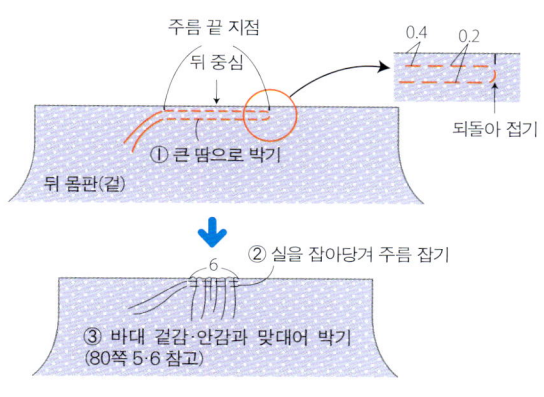

6 칼라에 칼라 프릴을 달고, 몸판에 이어 붙인다

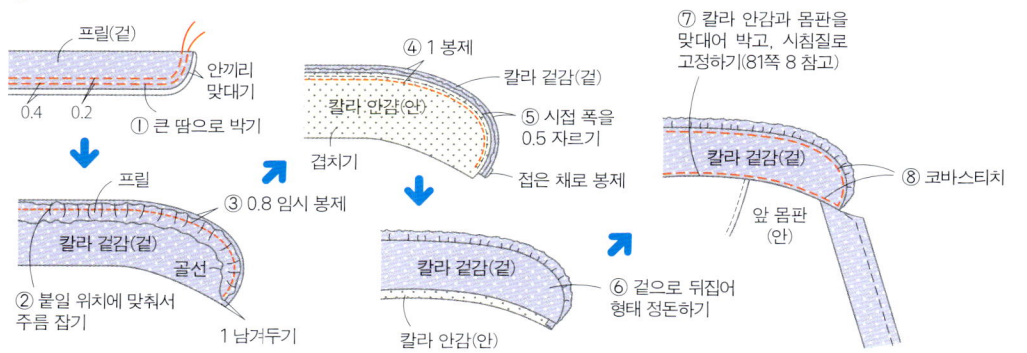

8 소맷부리에 주름을 잡는다

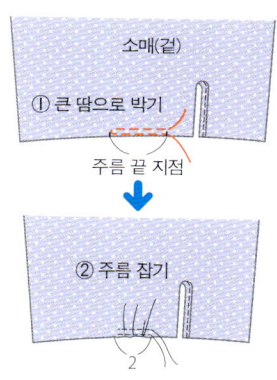

L

후드 코트

입고 벗기 쉽고 편한 퀼트 원단으로 만든 겨울 코트입니다. 팬츠에도 스커트에도 잘 어울리는 기장으로, 쓰지 않아도 모양이 예쁜 후드가 달려있는 디자인입니다. 앞에 겉주머니가 있고, 간단히 달 수 있는 스프링도트단추로 여밉니다. 뒤에는 허리벨트를 달아 포인트를 주었습니다. 원단의 밑단도 세심하게 처리해 오래 입을 수 있게 했어요. 남자아이용으로 만들고 싶다면 무지나 체크 원단으로 만들어도 멋지답니다.

How to make P.88

※ 팬츠는 작품 F-2(38쪽)를 참고

Process

L
후드 코트
(86쪽) 실물 크기 패턴 D면

재료
※ 치수는 왼쪽부터 100/110/120/130cm
겉감 (퀼트) 100cm 폭 x 110/120/130/140cm
별도 원단 (면 브로드클로스) 35cm 폭 x 40cm ※ 시판 바이어스테이프 사용 가능
폭 1cm 파이핑 코드 (뒤 벨트 분) … 80/85/90/95cm
폭 3cm 울 바인딩 테이프 … 320/330/340/350cm
지름 1.3cm 스프링도트단추 … 4쌍
폭 1cm 능직 끈 (목 둘레 고리 분) … 10cm

봉제 순서
1 원단을 재단하고, 시접 다림질하기
2 주머니 달기
3 뒤 몸판에 벨트 달기
4 어깨 박기
5 옆선 박기
6 후드 만들기
7 몸판에 후드 달기
8 소매 만들기
9 몸판에 소매 달기
10 울 바인딩 테이프로 끝단 마감하기
11 스프링도트단추 달기

재단 배치도
※ 치수는 위에서부터 100/110/120/130cm

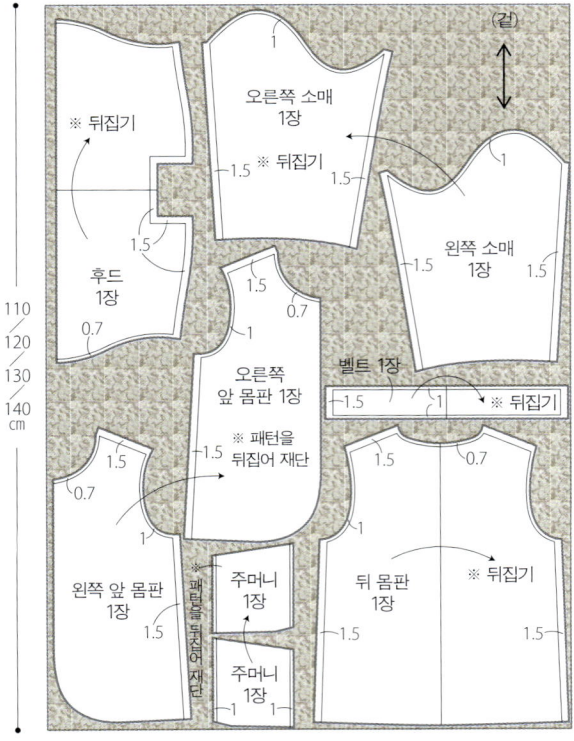

1 원단을 재단하고, 시접을 다림질 처리한다

2 주머니를 단다

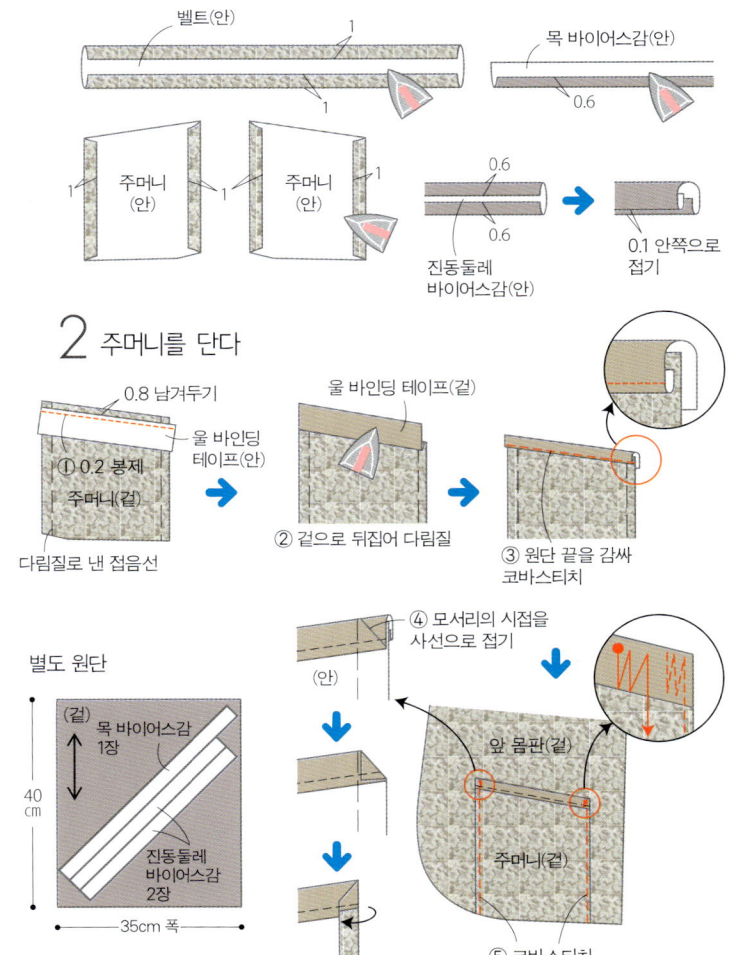

3 뒤 몸판에 벨트를 단다

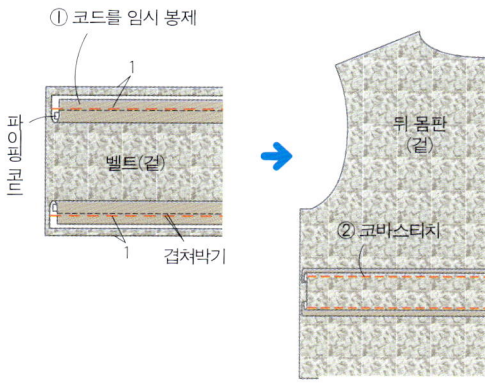

4 어깨를 박는다

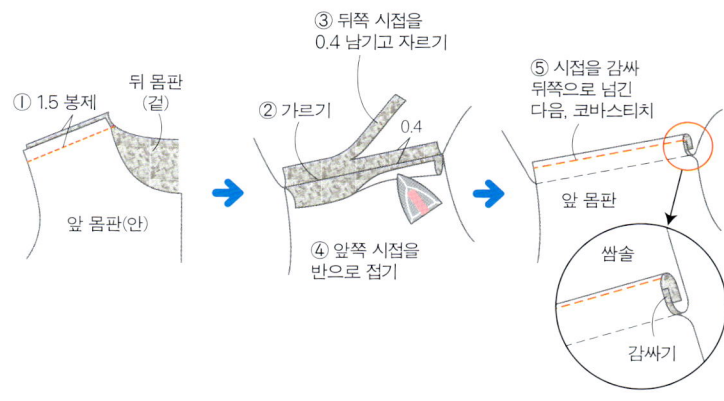

5 옆을 박는다

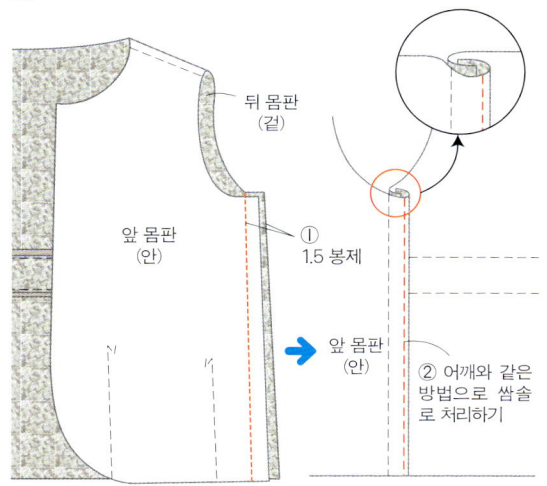

6 후드를 만든다

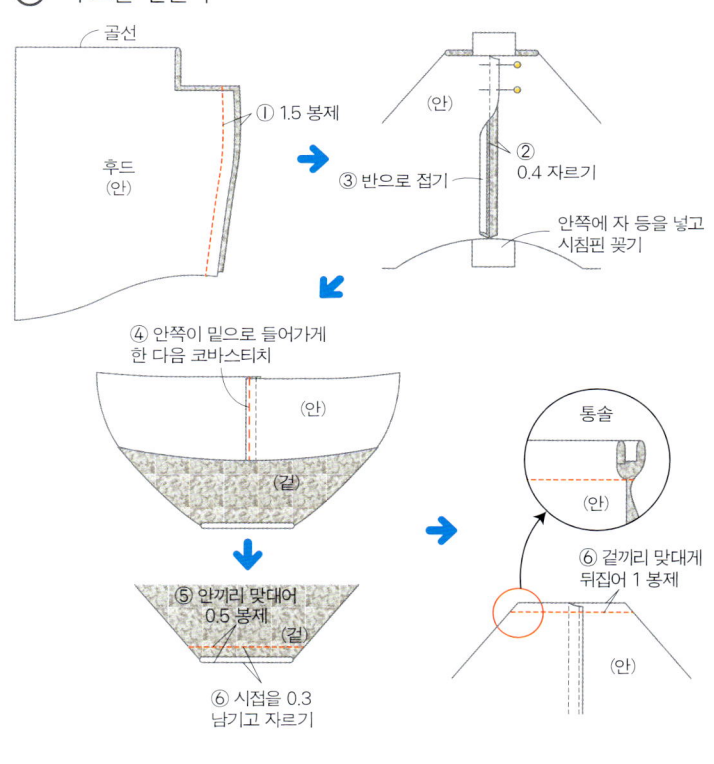

7 몸판에 후드를 단다

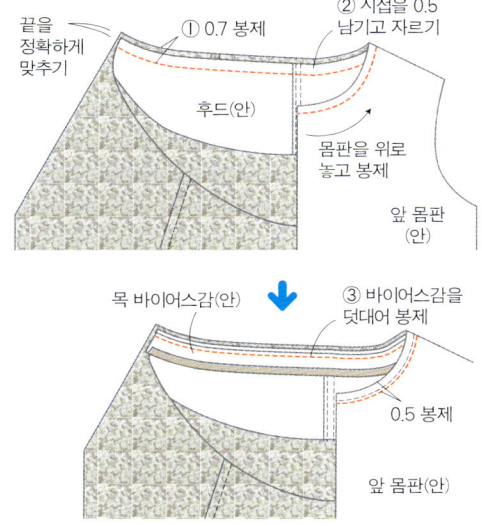

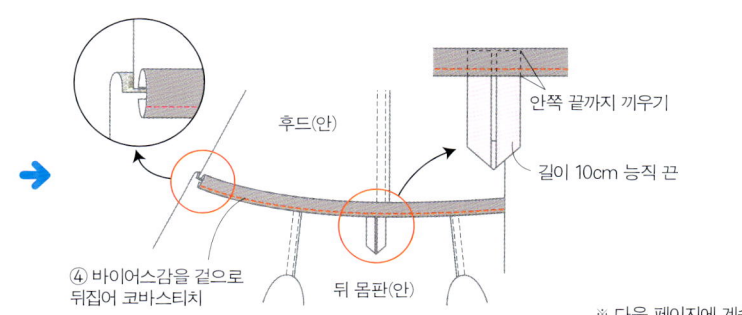

※ 다음 페이지에 계속

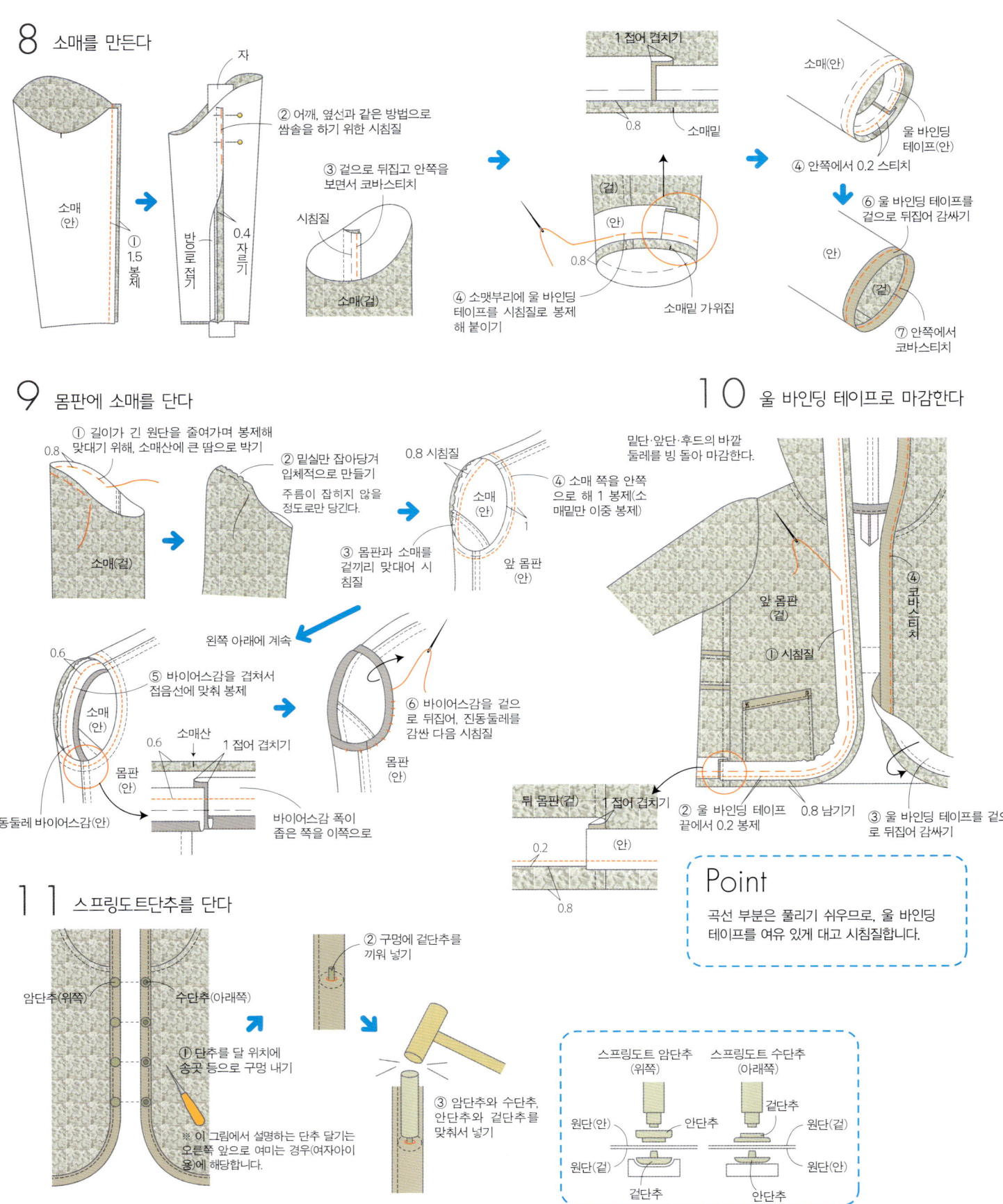

니트 원단
Cut and Sewn

작품 M-3 크로스넥 티셔츠(102쪽) / 작품 N-2 니트 쇼트 팬츠(105쪽)

가정용 재봉틀을 이용한
니트 봉제

도구 협찬 / ☆ = (주)크로바 ★ = (주)자노메

니트 원단을 봉제할 때는 원단 봉제와 함께 끝이 풀리지 않도록 마감 처리까지 동시에 해주는 오버록 재봉틀이 있어야 튼튼하고 깔끔하게 봉제할 수 있습니다. 하지만, 가정용 재봉틀로도 충분히 깔끔하게 박을 수 있습니다. 기본적인 사항은 6~18쪽을 참고하세요. 여기서는 니트 봉제용 도구와 알아두면 좋을 봉제 요령을 소개합니다.

기본 도구

니트용 실 & 바늘
신축성이 있는 니트용 실(나일론)과 바늘 끝이 둥글고 실이 풀어지지 않는 니트용 바늘을 사용합니다. 바늘땀 길이는 짧게(1.8mm 정도) 하는 것이 좋습니다.

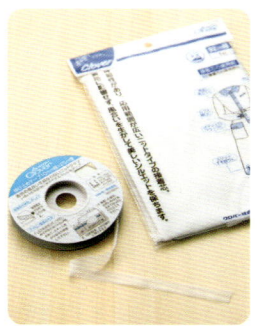

풀림 방지테이프 & 니트용 접착심
원단에 탄력을 강화하거나 늘어남을 방지하기 위해 붙이는, 한쪽 면에 풀칠이 되어 있는 니트용(편물 타입) 심과 테이프입니다.

있으면 편리한 도구

원단용 집게
니트 원단을 임시로 고정할 때는 원단을 단단히 잡아주는 원단용 집게를 쓰면 편리합니다. 시침핀을 사용했을 때 구멍이 생기기 쉬운 원단에도 사용하면 좋습니다.

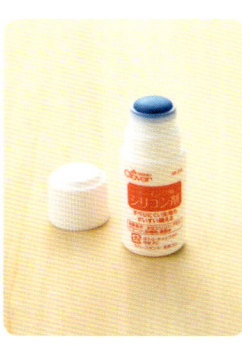

실리콘제
원단이 잘 걸리는 니트 원단을 봉제할 때는 바늘 끝이나 노루발 안쪽에 실리콘제를 칠해주면 원단이 매끄럽게 잘 밀려나갑니다.

테플론 노루발
특수한 합성수지로 만든 노루발로 원단이 매우 잘 밀려나갑니다. 니트 원단이나 비닐 원단, 가죽 등 잘 밀려나가지 않는 소재의 원단뿐만 아니라 직물 원단에도 좋습니다.

니트 원단의 표시

가위집(노치)은 기본적으로 직물 원단과 같은 방법으로 표시하면 됩니다(14쪽 참고). 시접에 가위집을 낼 때, 특히 풀리기 쉬운 원단 등에는 칼집 대신 초크펜으로 표시하는 게 좋습니다.

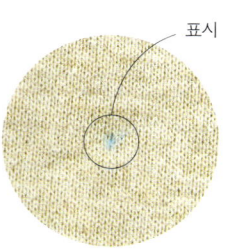

패턴 위의 ● 표시는 송곳으로 구멍을 뚫어두는 것만으로는 표시가 잘 나지 않으므로, 그 구멍 위에 한 번 더 초크펜으로 표시해둡니다.

시침핀 대신 원단용 집게 사용

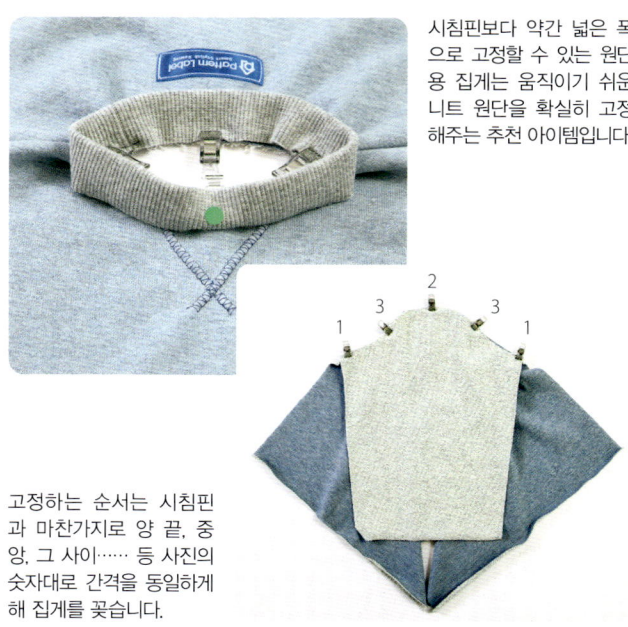

시침핀보다 약간 넓은 폭으로 고정할 수 있는 원단용 집게는 움직이기 쉬운 니트 원단을 확실히 고정해주는 추천 아이템입니다.

고정하는 순서는 시침핀과 마찬가지로 양 끝, 중앙, 그 사이…… 등 사진의 숫자대로 간격을 동일하게 해 집게를 꽂습니다.

어깨에는 늘어남 방지테이프 붙이기

뒤 몸판의 어깨 시접에는 늘어남 방지테이프를 붙이는 것이 기본입니다. 특히 봉제선까지 걸칠 필요 없이 시접에만 붙여도 늘어남을 방지하는 효과가 있습니다. 늘어남 방지테이프 대신에 접착심을 잘라 붙여도 됩니다.

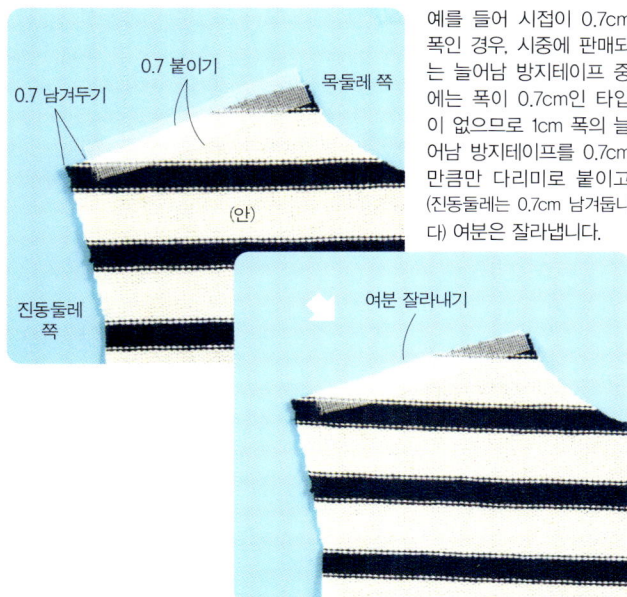

예를 들어 시접이 0.7cm 폭인 경우, 시중에 판매되는 늘어남 방지테이프 중에는 폭이 0.7cm인 타입이 없으므로 1cm 폭의 늘어남 방지테이프를 0.7cm 만큼만 다리미로 붙이고 (진동둘레는 0.7cm 남겨둡니다) 여분은 잘라냅니다.

주머니 입구에는 접착심 붙이기

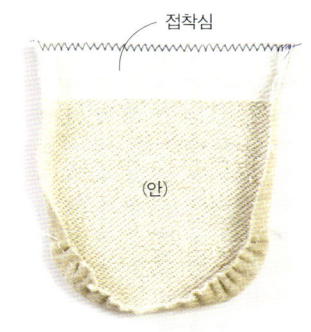

주머니 입구는 늘어나기 쉬우므로, 시접 부분에 접착심을 붙입니다. 이렇게 부분적으로 접착심을 붙일 때는, 접착심을 필요한 크기만큼 잘라서 13쪽과 같은 방법으로 다리미를 이용해 붙입니다.

옆선이나 어깨를 맞대어 박을 때

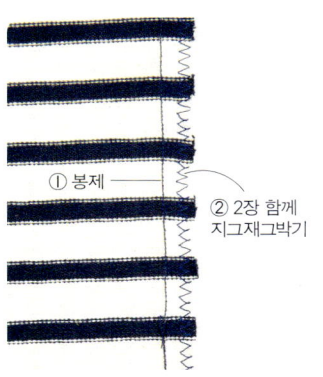

가정용 재봉틀을 사용한 니트 봉제에서 옆이나 어깨, 소매 부분을 맞대어 박을 때 기본적으로는 직물 원단을 봉제할 때와 같은 방법으로 합니다. 겉끼리 맞대어 박고, 시접을 2장 함께 지그재그박기로 처리합니다.

목둘레·밑단·소맷부리의 리브는 늘려주는 느낌으로 봉제

가위집끼리 맞대는 시점에서는 리브와 몸판을 서로 맞대면 길이 차이가 있습니다(리브 쪽이 짧습니다). 봉제할 때는 리브를 안쪽(위)으로 놓고 늘려서 맞추듯이 봉제합니다.

이렇게 리브를 늘려주며 봉제하면 리브가 빳빳이 서거나 구불구불해지지 않고 깔끔하게 완성됩니다.

원단이 울 경우엔 스팀다리미 사용

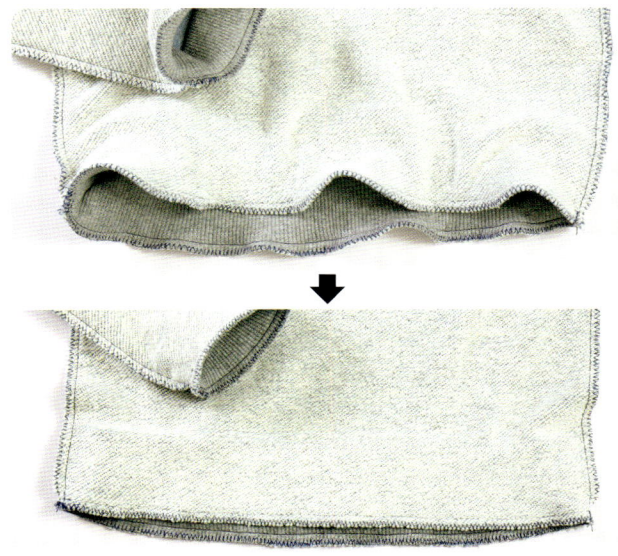

니트 원단이 늘어나 구불구불하게 울었을 때는 스팀다리미를 이용해 맨 위에서부터 눌러주는 느낌으로 다려주면 좋습니다.

초보자에게도 추천하는
니트 원단

니트 원단은 촘촘한 편물로 제작된 만큼 신축성이 뛰어나고 착용감도 좋아 아이 옷에 알맞은 소재입니다. 이 책에서 소개하고 있는 니트 작품은 가정용 재봉틀로도 쉽게 봉제할 수 있고, 많이 늘어나지 않는 니트 원단을 사용해 처음 니트 원단을 봉제하는 분들에게도 추천합니다. 재봉틀의 바늘땀은 짧게(1.8mm 정도) 설정하고, 먼저 테스트 봉제를 해본 다음, 시작하세요.

자주 하는 질문 Q&A

Q1 니트 원단의 '텐션'이 무엇인가요?

A 니트 원단에도 잘 늘어나는 것과 잘 늘어나지 않는 것 등 여러 종류가 있습니다. 이러한 니트의 신축률을 텐션이라고 부르며, 잘 늘어나는 원단을 '텐션이 강하다' 잘 늘어나지 않는 원단을 '텐션이 약하다'고 표현합니다. 이번에 소개하고 있는 천축, 골판지 니트, 쭈리 등은 텐션이 약해 가정용 재봉틀로도 쉽게 봉제할 수 있어 초보자 분들께도 추천하는 니트 원단입니다.

Q2 니트 원단의 올을 바로잡는 방법을 알려주세요.

A 이 책에 실린 작품에서 사용하는 텐션이 약한 니트 원단은 기본적으로 13쪽에 소개한 직물 원단과 같은 방법으로 하면 됩니다. 단 건조시킬 때 널어놓으면 늘어나버릴 수도 있는 원단은 평평한 곳에 놓고 반건조 상태가 되도록 말려줍니다.

Q3 니트용 패턴을 가지고 직물 원단으로 만들어도 되나요?

A 니트용 패턴은 신축성이 있는 원단을 감안해 수치나 형태를 디자인한 것입니다. 직물 원단으로 만들 경우에는 입을 수 없거나(머리가 들어가지 않는 경우 등) 움직이기 불편하거나 하는 등의 문제들이 발생할 수 있으니 꼭 니트 원단을 사용하도록 합니다.

겉   안

천축
손뜨개의 메리야스 뜨기와 같은 방법으로 짠 대표적인 니트 원단입니다. 겉은 세로 방향으로 V자 모양의 코가, 안은 작은 고리가 가로 방향으로 되어 있습니다. 실의 굵기에 따라 원단의 두께도 다양하며, 실 번호의 숫자가 클수록 얇은 원단이 됩니다.

티셔츠 등의 몸판에

작품 M-1(96쪽)   작품 M-3(102쪽)

겉   안

골판지 니트
어느 정도 두께가 있고, 잘 늘어나지 않으며 원단도 잘 말리지 않아 봉제가 매우 쉬운 원단입니다. 골판지처럼 이중 구조로 되어있어 보온성이 뛰어난 만큼 가을 겨울용 아이템에 사용하면 좋습니다.

카디건이나 집파카 등에

겉

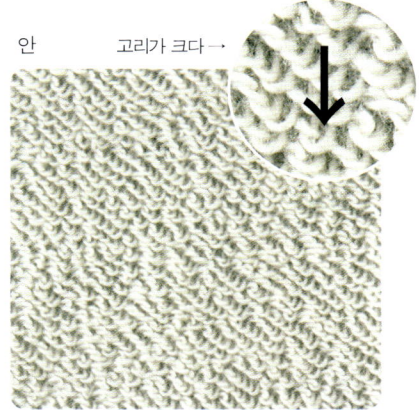
안 　고리가 크다 →

쭈리 원단

'스웨트' 또는 '트레이너' 등으로 불리기도 하는 매우 보편적인 두툼한 원단입니다. 겉은 천축과 같고, 안은 파일(타올 같은 원단에서 볼 수 있는 고리들) 모양처럼 생긴 것이 특징입니다. 안의 파일을 기모 처리한 '기모'는 한겨울에 입기 좋은 아이템입니다.

트레이너 카디건의 몸판, 팬츠 등에

작품 N-1(104쪽)　작품 N-2(105쪽)　작품 O(110쪽)

> 착용감의 차이를 만드는 Point!
> 쭈리 원단에는 올 방향이 있어서, 고리의 둥근 부분이 아래쪽으로 향하도록 봉제하는 것이 기본입니다.

겉

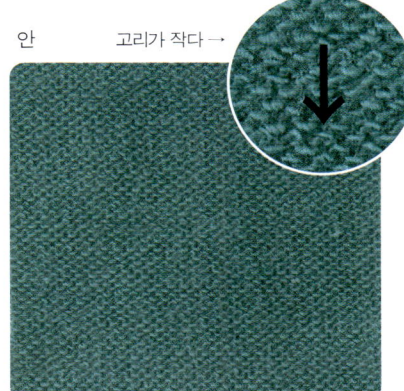
안 　고리가 작다 →

미니 쭈리

위의 쭈리를 얇게 만든 원단입니다. 쭈리와 비교하면 안쪽의 고리가 작고 더 가는 실을 사용한 것이 특징입니다. 쭈리에 비해 신축성도 좋고, 쭈리가 가을 겨울용이라면 미니 쭈리는 봄 여름용으로 좋습니다.

원피스나 티셔츠 등 봄 여름용 아이템에

작품 M-2(97쪽)

> Point
> 스판덱스 리브나 스판 후라이스는 원통 상태로 팔기 때문에 사용할 때는 절개해 사용합니다. 만드는 방법의 소재 표기는 원통 상태의 가로 폭을 "W폭"이라고 했습니다.

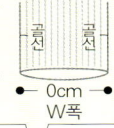
0cm
W폭

겉　얼핏 보면 겉과 안의 모양이 똑같다 →

안　잡아당겨보면 고무가 보이는 쪽이 안 →

스판덱스(고무)

스판덱스 리브

스판(고무)을 짜넣어 신축성이 뛰어난 원단. 두께가 있으며 올이 크고 튼튼하므로 쭈리 같은 두꺼운 원단을 사용한 트레이너나 팬츠 등의 목둘레나 소맷부리 리브, 허리 리브에 사용합니다.

목둘레·소맷부리·허리 등에

작품 N-1(104쪽)　작품 N-2(105쪽)　작품 O(110쪽)

겉　겉과 안이 거의 똑같다 →

안

스판덱스 후라이스

스판(고무)을 짜넣어 신축성이 뛰어난 원단으로 얇고 부드러워 티셔츠 등 몸판이 얇은 경우, 목둘레 원단 등으로 쓰기 좋습니다.

티셔츠 등 얇은 원단의 목둘레 등에

작품 M-3(102쪽)

> 주의! 후라이스와 헷갈리면 안 돼요!
> 후라이스와 스판덱스 후라이스는 이름이 비슷해 혼동될 수 있어요. 후라이스에는 스판(고무)이 들어있지 않으므로 목둘레 원단 등에 사용하면 늘어나버리므로 주의하세요.

M-1

보트넥 티셔츠

니트를 처음 봉제하는 분들에게 추천하는 티셔츠입니다. 목 부분은 접어서 겹치는 것만으로 간단히 완성되는 보트넥이에요. 배색의 가슴주머니와 팔꿈치 패치가 포인트인 남녀겸용 디자인입니다. 원단은 봉제하기 쉬운 천축 니트가 좋아요. 줄무늬는 따로 유행을 타지 않는 무늬라 더욱 좋습니다.
How to make P.98 (Lesson11)

※ 팬츠는 작품 A(20쪽), 스커트는 작품 B(20쪽)를 참고

M-2

 보트넥 원피스

일상적으로 입기 편한, 착용감이 좋은 니트 원단 원피스입니다. 앞에는 같은 원단으로 만든 겉주머니가, 뒤에는 리본을 포인트로 한 슬릿(트임)이 있습니다. 원단은 천축, 미니 쭈리, 골판지 니트 등 많이 늘어나지 않는 니트 원단을 쓰는 것이 봉제하기도 쉽고 좋아요. 네임라벨이나 리본을 배색으로 만들어 달면 느낌이 훨씬 더 산답니다.

How to make P.124

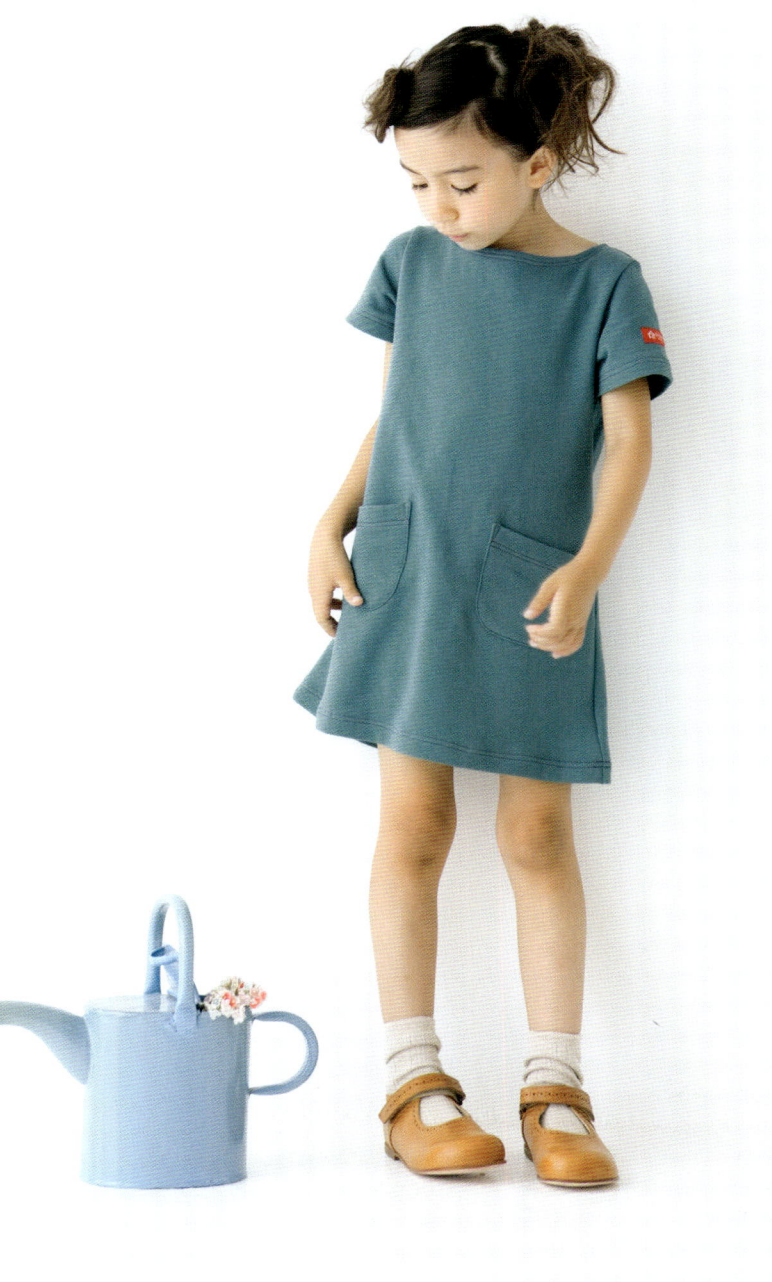

Lesson 11
M-1
보트넥 티셔츠
(96쪽) 실물 크기 패턴 D면

재료
※ 치수는 왼쪽부터 100/110/120/130cm
겉감 (줄무늬 천축)
  50cm 폭 x 50/50/55/60cm
별도 원단 (무지 컬러 트월) 15×30cm(공통)
폭 1cm 늘어남 방지테이프 (뒤 어깨선) … 20cm (공통)
※ 위의 테이프를 폭 0.7cm로 잘라서 사용

봉제 순서
1. 원단을 재단하고, 시접 다림질하기
2. 주머니와 팔꿈치 패치 달기
3. 어깨 박기
4. 목둘레 처리하기
5. 몸판에 소매 달기
6. 소매밑과 양옆 박기
7. 밑단과 소맷부리 처리하기

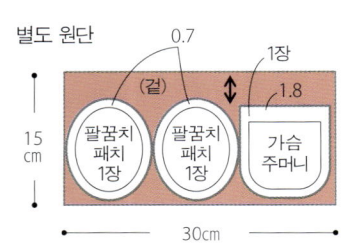
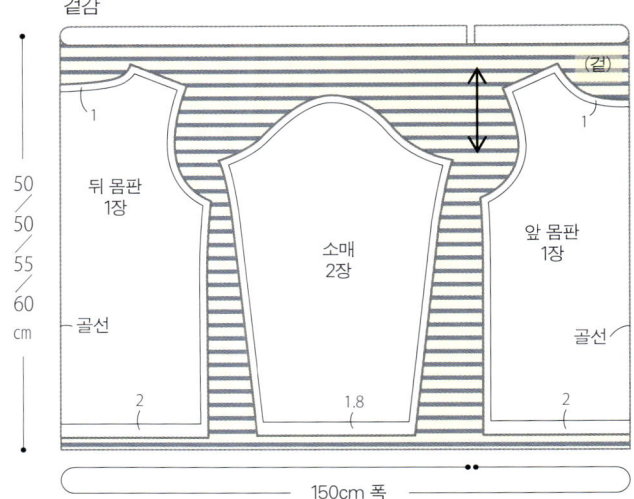

재단 배치도
※ 원단 겉면에 패턴을 배치해 재단한다
※ 따로 표시해둔 부분 이외의 시접은 0.7cm
※ 치수는 위에서부터 100/110/120/130cm

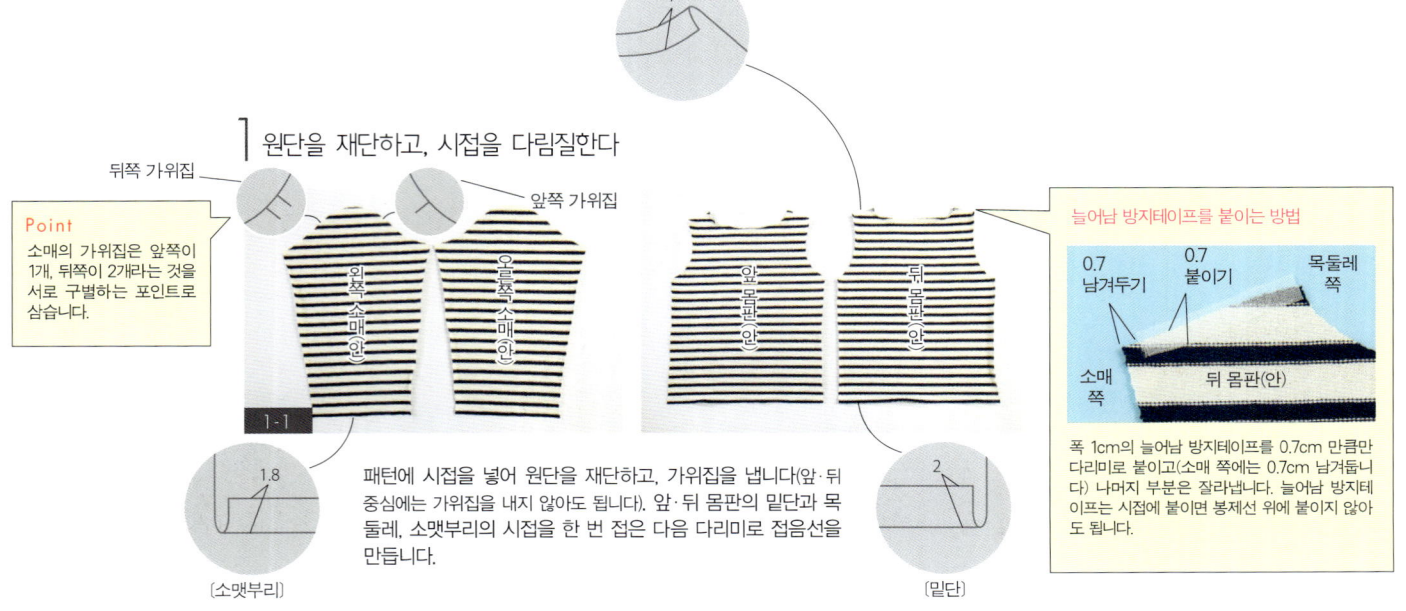

1 원단을 재단하고, 시접을 다림질한다

Point
소매의 가위집은 앞쪽이 1개, 뒤쪽이 2개라는 것을 서로 구별하는 포인트로 삼습니다.

패턴에 시접을 넣어 원단을 재단하고, 가위집을 냅니다(앞·뒤 중심에는 가위집을 내지 않아도 됩니다). 앞·뒤 몸판의 밑단과 목둘레, 소맷부리의 시접을 한 번 접은 다음 다리미로 접음선을 만듭니다.

늘어남 방지테이프를 붙이는 방법

폭 1cm의 늘어남 방지테이프를 0.7cm 만큼만 다리미로 붙이고(소매 쪽에는 0.7cm 남겨둡니다) 나머지 부분은 잘라냅니다. 늘어남 방지테이프는 시접에 붙이면 봉제선 위에 붙이지 않아도 됩니다.

2 주머니와 팔꿈치 패치를 단다

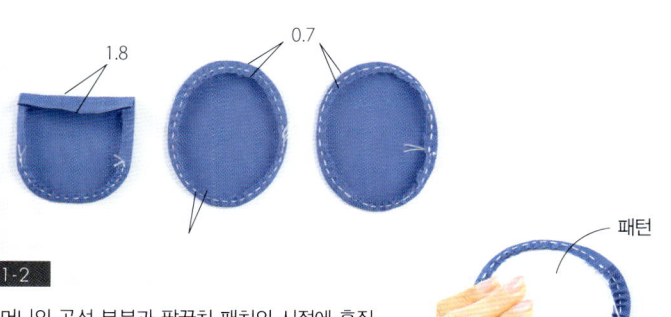

2-1
주머니 입구의 시접에 지그재그박기를 합니다.

1-2
주머니의 곡선 부분과 팔꿈치 패치의 시접에 홈질하고, 두꺼운 종이로 만든 패턴을 넣은 다음, 실을 잡아당겨 다리미로 시접에 접음선을 냅니다.

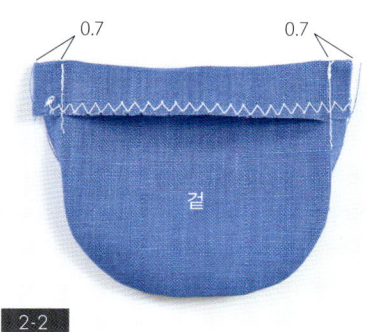

2-2
주머니 입구의 시접을 겉끼리 맞대어 한 번 접고 양옆을 박습니다.

2-3
시접이 너무 두꺼워지지 않도록 ① ②의 순서대로 자릅니다.

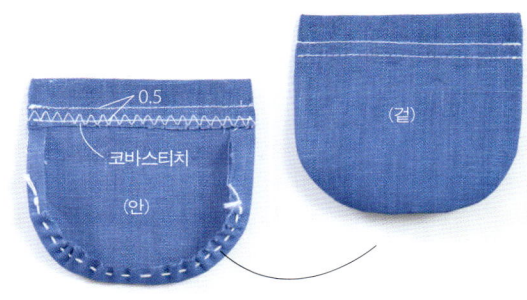

2-4
시접을 겉으로 뒤집어 안에서 코바스티치한 다음, 겉에서 0.5cm 폭으로 스티치합니다.

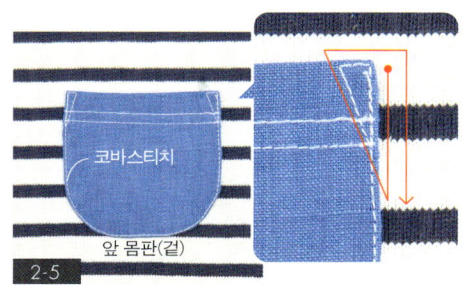

2-5
앞 몸판의 왼쪽 가슴에 코바스티치로 주머니를 달아줍니다. 모서리는 화살표 순서대로 삼각형 모양으로 박습니다. (되돌아박기를 하지 않고 봉제를 시작해 되돌아오는 지점을 겹쳐박기 합니다.)

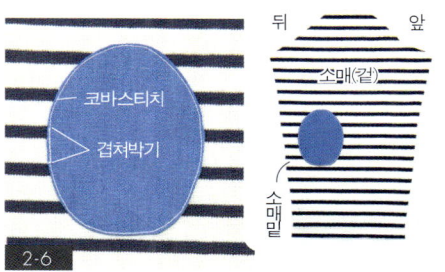

2-6
소매 뒤쪽에 코바스티치를 해 팔꿈치 패치를 붙입니다. 소매 밑쪽에서 되돌아박기를 하지 않고 봉제를 시작해, 끝마칠 때는 1.5cm 정도 겹쳐박습니다.

2-7
뒤 몸판에 취향대로 네임라벨을 달아줍니다.

3 어깨를 박는다

앞 몸판과 뒤 몸판을 겉끼리 맞대어 어깨를 박습니다. 시접은 2장 함께 지그재그박기로 처리하고, 뒤쪽으로 접습니다.

4 목둘레를 처리한다

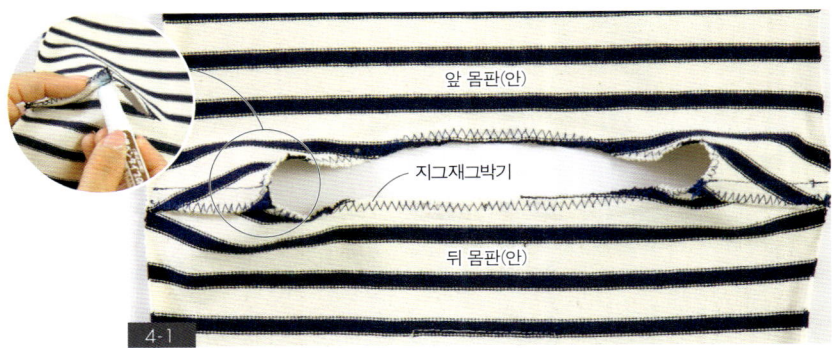

어깨 모서리의 시접을 원단용 풀(또는 시침핀)로 뒤쪽에 고정하고, 목둘레의 시접에 지그재그박기를 합니다.

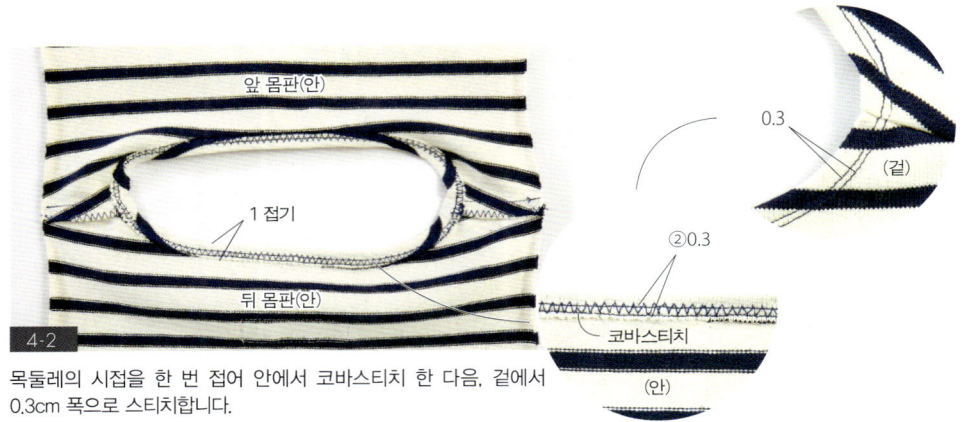

목둘레의 시접을 한 번 접어 안에서 코바스티치 한 다음, 겉에서 0.3cm 폭으로 스티치합니다.

★ 봉제를 시작할 때와 끝마칠 때

Point 3
어깨선 바로 위를 피해서 봉제를 시작하고, 어깨선 바로 위는 겹쳐박기 합니다.

Point 2
겹쳐박기한 바늘땀은 비스듬하게 엇갈려도 괜찮아요.

Point 1
목 부분은 특히 실이 끊어지기 쉬우므로 1.5mm 정도로 촘촘한 바늘땀으로 봉제하세요.

어깨 근처의 뒤 몸판 쪽에서 봉제를 시작해, 가장자리를 빙 둘러 목둘레를 박고 어깨선 위를 겹쳐서 박아준 다음, 앞 몸판 쪽까지 박습니다(되돌아박기는 하지 않습니다).

5 몸판에 소매를 단다

5-1 소맷부리의 시접에 지그재그박기를 합니다.

5-2 몸판의 진동둘레와 소매의 앞뒤를 확인한 다음, 겉끼리 맞댑니다. 니트 원단을 임시 고정할 때는 원단용 집게를 사용하는 게 좋습니다.

6 소매밑과 양옆을 박는다

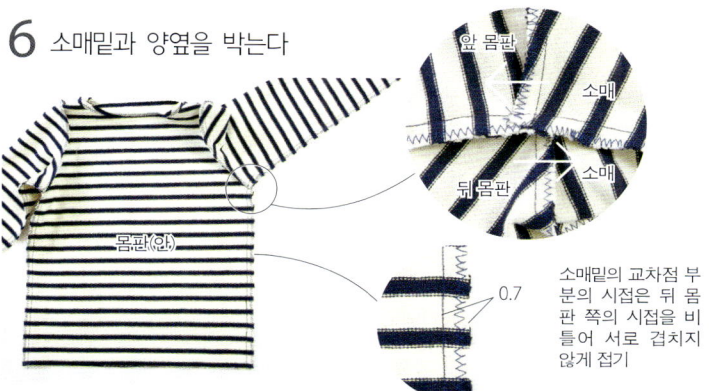

5-3 소매를 위로 향하게 놓고 진동둘레를 박습니다. 시접은 2장 함께 지그재그박기 해 처리하고 몸판 쪽으로 접습니다.

몸판과 소매를 겉끼리 맞대어 소매밑과 양옆을 박습니다. 시접은 2장 함께 지그재그박기로 처리하고 뒤쪽으로 접습니다.
※ 네임텍을 붙일 경우 오른쪽 옆의 밑단 완성선에서 3cm 위에 끼워서 봉제합니다.

7 밑단과 소맷부리를 처리한다

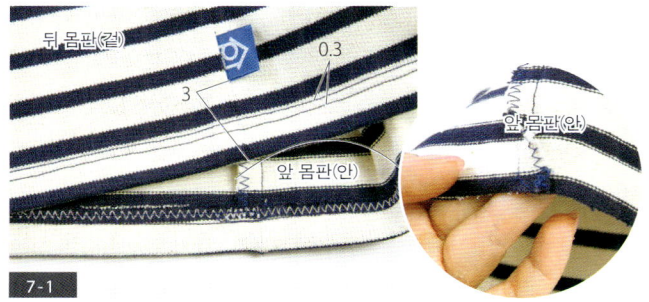
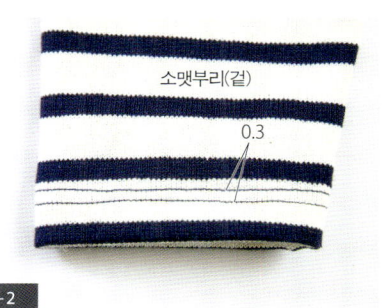

7-1 시접이 두꺼워지지 않도록 한 번 접은 안쪽 부분만 시접을 반대쪽(앞쪽)으로 접습니다.

7-2 밑단과 소맷부리의 시접을 한 번 접어 목둘레와 마찬가지로 안에서 코바스티치한 다음 겉에서 0.3cm 폭으로 스티치합니다.

M-3

 크로스넥 티셔츠

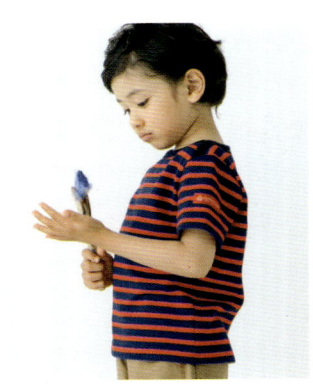

목 부분을 바인딩 처리한 크로스넥 티셔츠입니다. 머리가 큰 아이에게도 안심하고 입힐 수 있어요. 소매는 작품 M-1의 긴 소매로 바꿔 만들어도 됩니다. 계절에 맞춰 소매 길이를 바꾸면 일 년 내내 입을 수 있는 활용 만점의 옷입니다. 몸판의 원단으로는 잘 늘어나지 않는 천축 니트를 추천해요. 목 부분은 늘어났다가 원래대로 돌아오는 탄력이 좋은 스판덱스 후라이스를 사용하세요. 팬츠도 빨간색 실로 스티치해 코디네이션해도 좋습니다.

How to make P.103

※ 팬츠는 작품 E-1(32·34쪽)을 참고

Process

M-3
크로스넥 티셔츠

(102쪽) 실물 크기 패턴 D면

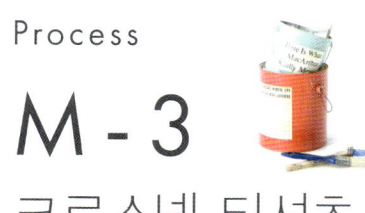

재료
※ 치수는 왼쪽부터 100/110/120/130cm
겉감 (줄무늬 천축) 150cm 폭 x 45/50/50/55cm
별도 원단 (40수 스판덱스 후라이스) 40cm W폭 x 10cm
※ 가정용 재봉틀로 니트 원단을 봉제할 경우, 니트용 실과 바늘을 사용(92쪽 참고)

봉제 순서
1. 원단을 재단하고, 시접 다림질하기
2. 목둘레를 바인딩 원단으로 처리하기
3. 몸판에 소매 달기(101쪽 5 참고)
4. 소매밑과 옆을 이어 박기(101쪽 6 참고)
5. 소맷부리와 밑단을 한 번 접어 처리하기(101쪽 7 참고)

재단 배치도
※ 따로 표시해둔 부분 이외의 시접은 0.7cm
※ 치수는 위에서부터 100/110/120/130cm

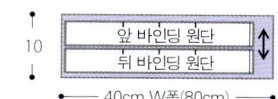

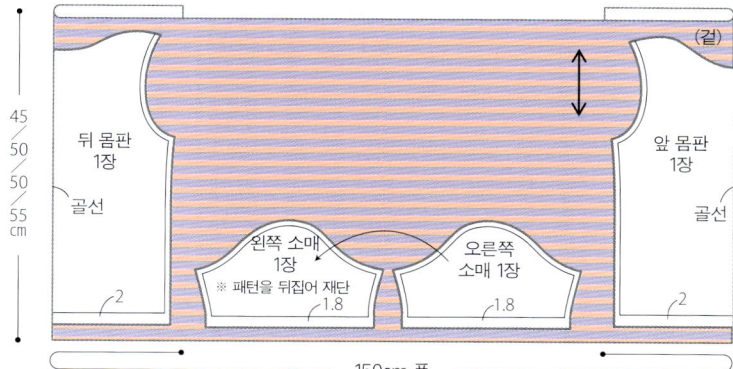

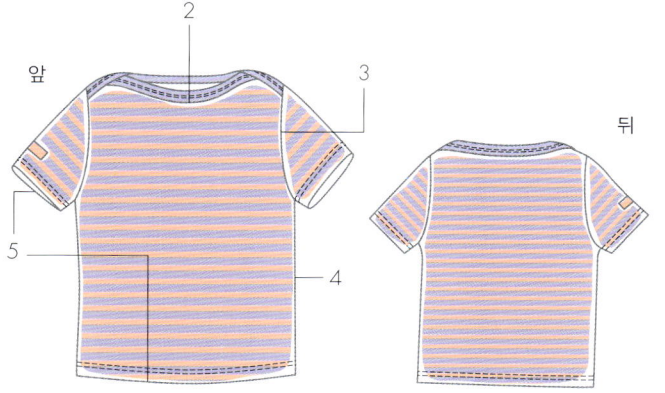

1 원단을 재단하고 시접을 다림질한다

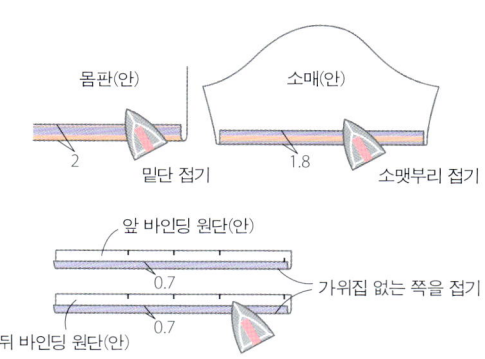

2 목둘레를 바인딩 원단으로 처리한다

3 몸판에 소매를 단다

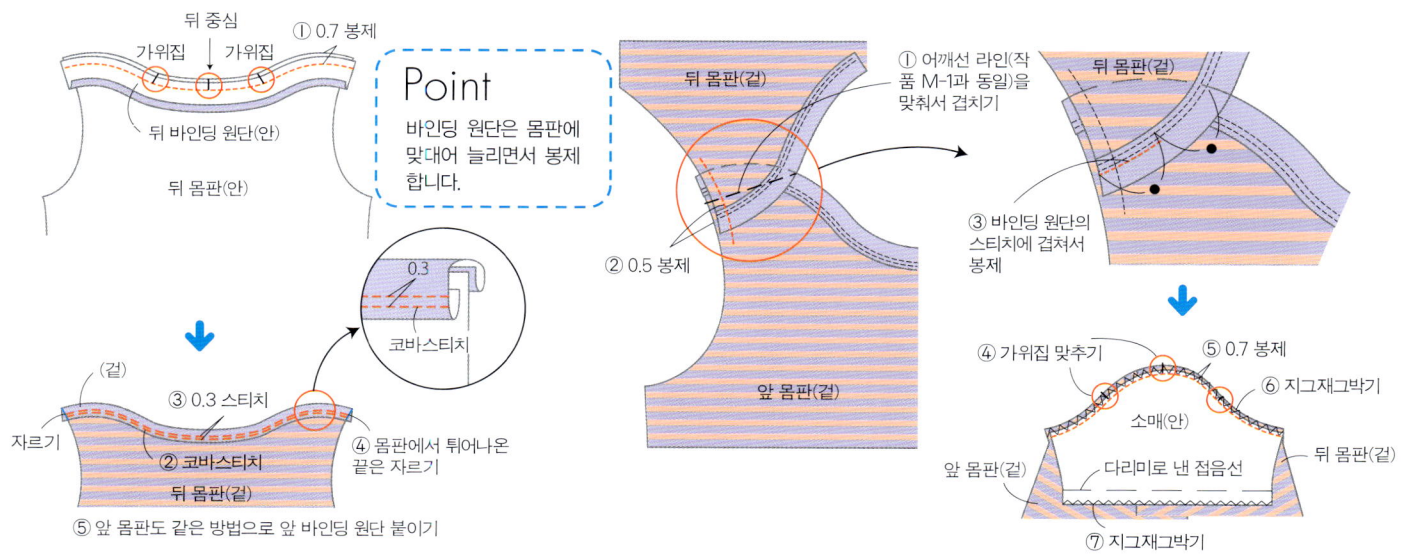

N-1

니트 반바지

남자아이에게 추천하는 입기 편한 반바지입니다. 팬츠 앞쪽에는 실용적인 절개 주머니를, 뒤에는 같은 소재로 만든 겉주머니를 달아주었어요. 허리는 몸에 맞게 조절할 수 있도록 폭이 넓은 고무줄을 사용했습니다. 앞뒤를 구별하는 리본을 붙여 완성합니다.

How to make P.125

N-2

 니트 쇼트 팬츠

건강한 여자아이에게 딱인 니트 쇼트 팬츠. 작품 N-1 남자아이용 팬츠를 응용한 작품으로, 밑단은 걷어 올려(롤업) 손바느질로 감침질해 고정하는 간단한 방법으로 만듭니다. 겉과 안을 서로 다른 색실로 짠 니트 원단을 추천해요.

How to make P.106 (Lesson12)

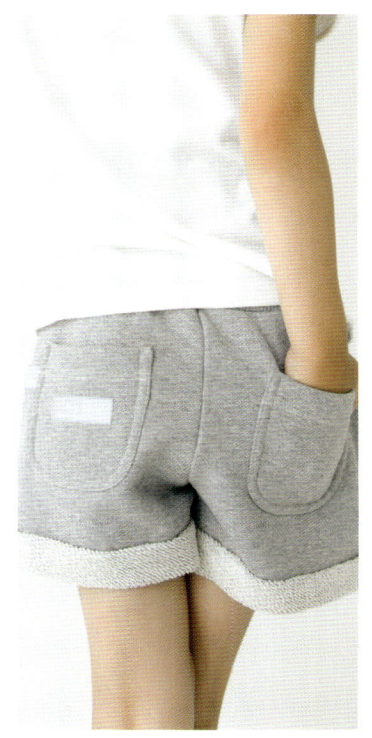

Lesson 12
N-2
니트 쇼트 팬츠
(105쪽) 실물 크기 패턴 D면

재료
※ 치수는 왼쪽부터 100/110/120/130cm
겉감 (믹스그레이 쭈리 니트)
　　　150cm 폭 × 30/35/35/40cm
별도 원단 (믹스그레이 스판덱스 리브)
　　　50cm W폭 × 10cm (공통)
별도 원단 (연핑크 슬리크) … 20 × 30cm (공통)
접착심 (뒷주머니 분) … 15 × 10cm
폭 3cm 고무줄 (허리 분) … 47/50/53/56cm
폭 1cm 능직 끈 (앞 표시용) … 25cm
※ 슬리크: 주머니 등을 만들 때 자주 쓰이는 면 100%의 얇은 원단

봉제 순서
1　원단을 재단하고, 시접 다림질하기
2　뒷주머니 만들기
3　뒤 팬츠에 주머니 달기
4　앞쪽 옆주머니 만들기
5　밑위 박기
6　양옆과 밑아래 박기
7　허리 리브 달기
8　밑단 처리하고 고무줄 끼우기

재단 배치도
※ 원단 겉면에 패턴을 배치해 재단한다
※ 따로 표시해둔 부분 이외의 시접은 0.7cm
※ 치수는 위에서부터 100/110/120/130cm
※ 빗금친 부분에 접착심을 붙인다

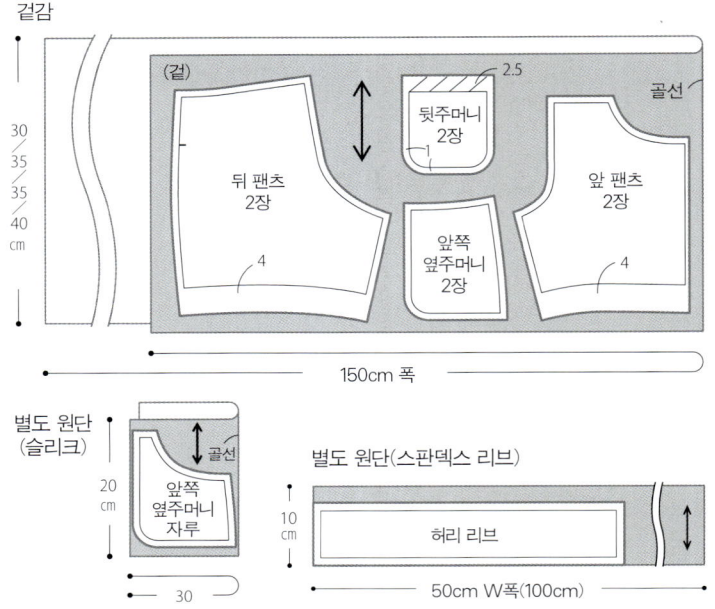

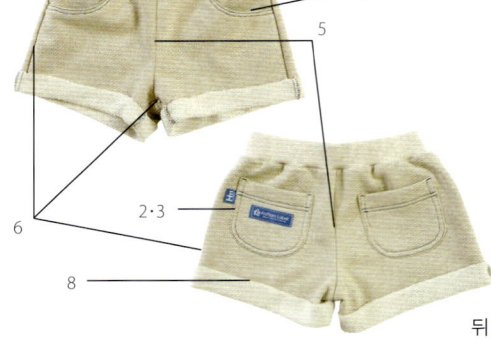

1 원단을 재단하고 시접을 다림질한다

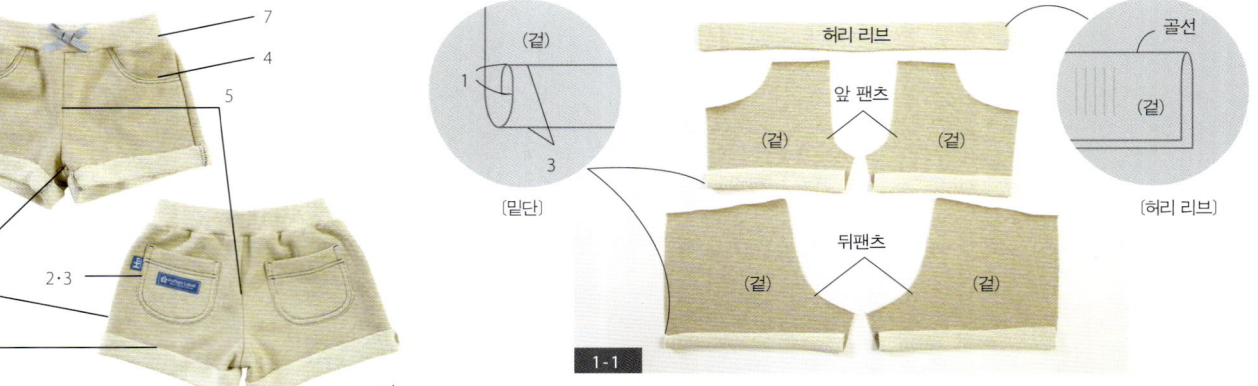

1-1 패턴에 시접을 넣어 원단을 재단하고, 가위집을 냅니다. 뒷주머니를 붙일 위치를 송곳과 초크펜으로 표시해둡니다(92쪽 참고). 앞·뒤 팬츠의 밑단은 바깥쪽으로 두 번 접고, 허리 벨트는 겉끼리 맞대어 반으로 접어 다리미로 접음선을 냅니다.

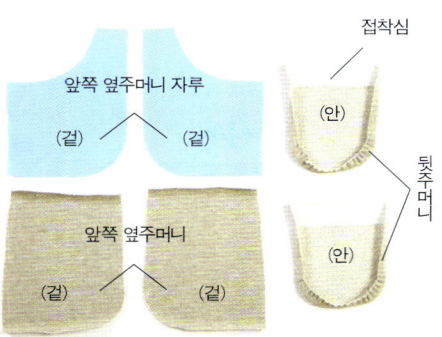
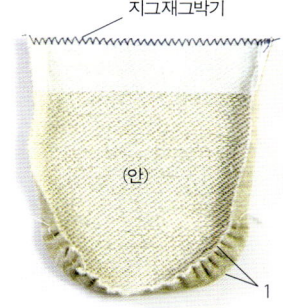

2 뒷주머니를 만든다

1-2 뒷주머니의 주머니 입구 시접에는 접착심을 붙이고, 주머니 입구 부분 외의 시접은 접습니다.

2-1 뒷주머니 입구의 시접에 지그재그박기를 합니다. 네임라벨은 원하는 대로 달아봅니다.

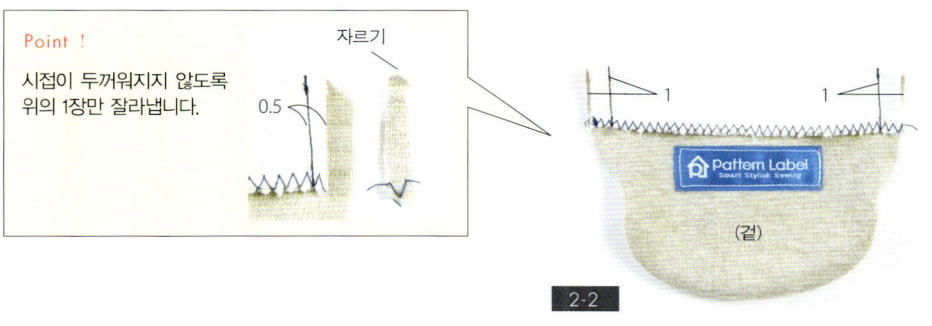
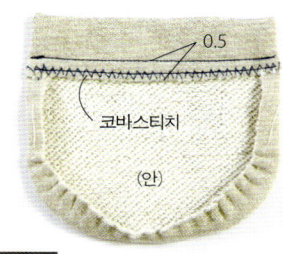

Point ! 시접이 두꺼워지지 않도록 위의 1장만 잘라냅니다.

2-2 주머니 입구의 시접을 겉끼리 맞대어 한 번 접고 양옆을 박습니다.

2-3 시접을 겉으로 뒤집고, 안에서 코바스티 치한 다음, 겉에서 0.5cm 폭으로 스티치 합니다.

3 뒤 팬츠에 주머니를 단다

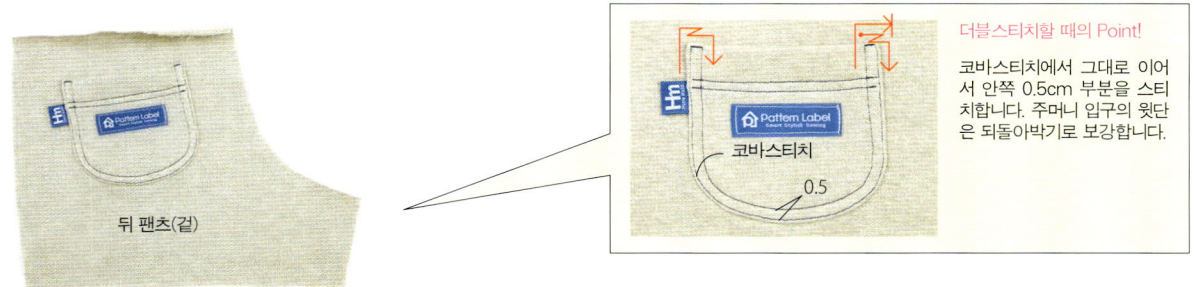

더블스티치할 때의 Point! 코바스티치에서 그대로 이어서 안쪽 0.5cm 부분을 스티치합니다. 주머니 입구의 윗단은 되돌아박기로 보강합니다.

뒤 팬츠에 주머니를 대고, 원하는 대로 네임텍을 끼워 더블스티치로 박아서 달아줍니다.

4 앞쪽 옆주머니를 만든다

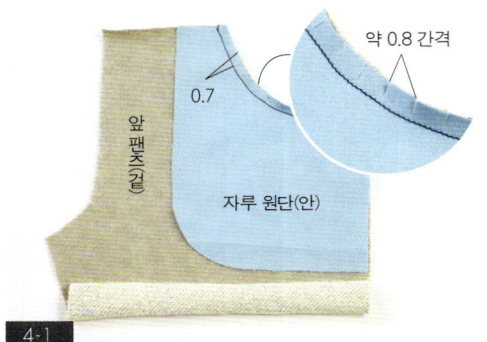
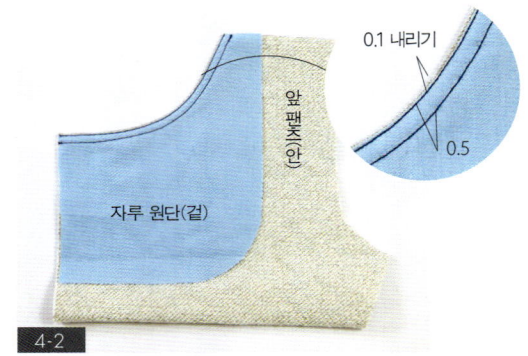

4-1 앞 팬츠에 자루 원단을 겉끼리 맞대어 겹치고, 주머니 입구를 박은 다음 약 0.8cm 간격으로 시접에 가위집을 냅니다.

4-2 자루 원단을 안쪽으로 뒤집어, 주머니 입구를 0.1cm 내려서 코바스티치합니다. 그다음 0.5cm 안쪽에 한 번 더 스티치합니다.

Point 주머니 입구가 살짝 뜰 수 있으므로, 원단 끝과 맞춤점을 맞춰서 박습니다.

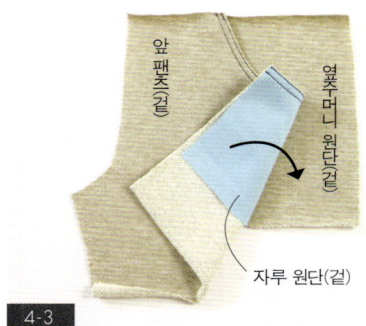
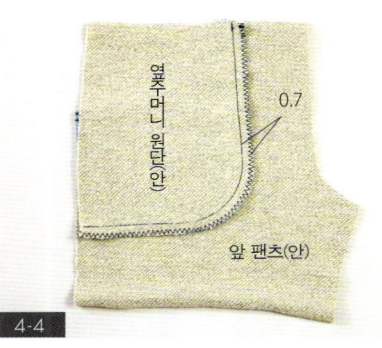

4-3 자루 원단과 옆주머니 원단을 겉끼리 맞대어, 자루 원단과 옆주머니 원단만 시침핀으로 고정합니다.

4-4 자루 원단의 끝에서 0.7cm 부분을 박고, 시접을 지그재그박기로 처리합니다.

4-5 옆주머니 원단의 허리 쪽과 옆쪽을 재봉틀로 박습니다.

5 밑위를 박는다

앞 팬츠 2장을 겉끼리 맞대 밑위를 박고, 시접을 지그재그박기로 처리합니다. 뒤 팬츠 2장도 같은 방법으로 봉제합니다.

6 양옆과 밑아래를 박는다

밑위의 시접을 화살표 방향으로 서로 다르게 접고, 앞 팬츠와 뒤 팬츠를 겉끼리 맞대어 양옆과 밑아래를 박습니다. 시접은 지그재그박기로 처리하고, 양옆의 시접은 뒤쪽으로, 밑아래의 시접은 앞쪽으로 접습니다.

7 허리 리브를 단다

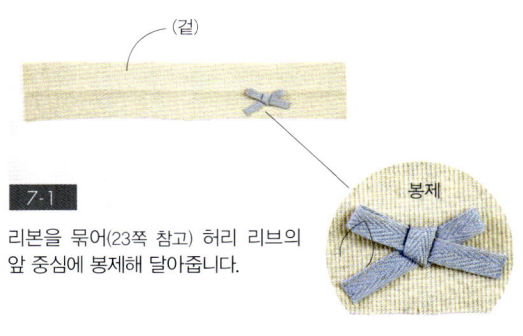

7-1 리본을 묶어(23쪽 참고) 허리 리브의 앞 중심에 봉제해 달아줍니다.

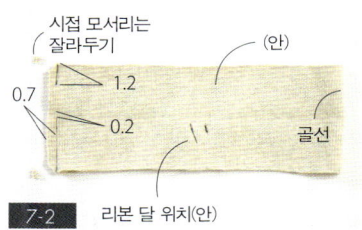

7-2 허리 리브의 양 끝을 겉끼리 맞대어 고무줄 끼울 구멍 부분을 남기고 박습니다.

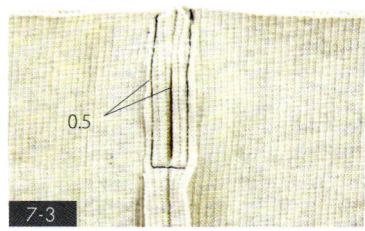

7-3 시접을 가르고, 고무줄 끼울 구멍 주변을 스티치해 눌러줍니다.

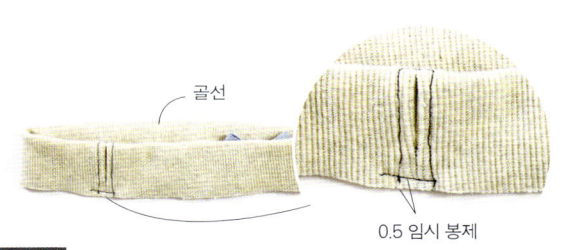

7-4 허리 리브를 겉끼리 맞대어 반으로 접고, 봉제선을 맞춰서 고무줄 끼울 구멍 밑의 시접 부분을 스티치해 눌러줍니다.

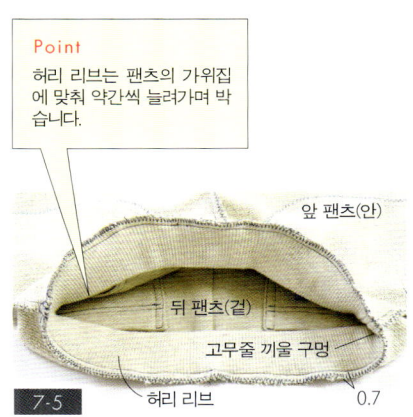

Point 허리 리브는 팬츠의 가위집에 맞춰 약간씩 늘려가며 박습니다.

7-5 앞 팬츠와 허리 리브의 리본 쪽을 겉끼리 맞대어, 허리를 박고 시접은 지그재그박기로 처리합니다.

8 밑단을 처리하고 고무줄을 끼운다

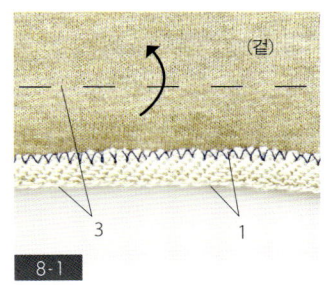

8-1 밑단의 시접에 지그재그박기를 하고, 겉쪽으로 두 번 접어 시침핀으로 고정합니다.

8-2 시접의 접음선 안쪽을 감침질해 고정합니다.

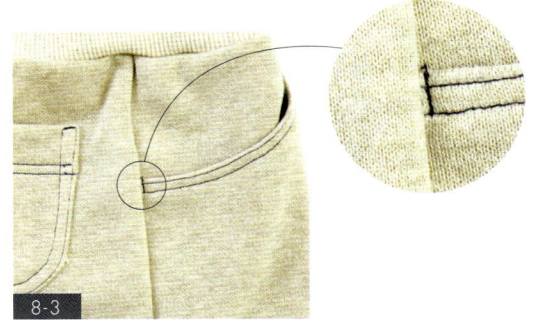

8-3 주머니 입구의 옆쪽을 되돌아박기 해 보강합니다.

8-4 허리에 고무줄을 끼우고, 양 끝을 겹쳐서 재봉틀로 박습니다.

○ 키즈 트레이너

남녀공용으로 입을 수 있는 베이직한 트레이너입니다. 움직이기 편하게 적절히 여유 있는 품과 좁은 소매의 실루엣이 특징입니다. 원단은 코가 촘촘한 쭈리 니트(스웨트)를 몸판에 목과 소맷부리, 밑단에는 탄력이 좋은 스판텍스 리브를 사용합니다. 몸판과 리브의 배색을 바꿔도 귀엽답니다.

How to make P.112 (Lesson13)

※ 팬츠는 작품 E-1(32쪽)을 참고

P 단추 카디건

어떤 옷과도 매치하기 쉬운 카디건입니다. 심플한 디자인으로 귀여운 단추나 리본을 달아줍니다. 적당한 두께의 천축이나 골판지 니트 등 신축성이 약한 니트 원단을 쓰는 게 좋아요. 직물 원단을 안단으로 사용하면 봉제하기 쉽고, 형태도 잘 잡힙니다. 남자아이에게는 앞을 여미는 쪽을 반대로 바꾸고 스냅단추를 다는 식으로 응용해 만들어주세요.

How to make P.126

※ 개더 스커트는 작품 B(21쪽)를 참고

Lesson 13

키즈 트레이너

(110쪽) 실물 크기 패턴 D면

재료

※ 치수는 왼쪽부터 100/110/120/130cm
겉감 (그린 쭈리 니트) 150cm 폭 x 45/50/50/55cm
별도 원단 (그린 스판덱스 리브) 50cm W폭 x 25cm (공통)
폭 1cm 늘어남 방지테이프 (뒤 어깨선) … 20cm (공통)
※ 위의 테이프를 폭 0.7cm로 잘라서 사용

봉제 순서

1. 원단을 재단하고, 리브를 다림질하기
2. 리브를 고리 모양으로 박기
3. 뒤 몸판에 장식 달기
4. 앞 몸판에 장식스티치
5. 어깨 박기
6. 몸판에 목 리브 달기
7. 몸판에 소매 달기
8. 소매밑과 양옆 박기
9. 밑단과 소맷부리의 리브 달기

앞 / 뒤

재단 배치도

※ 원단 겉면에 패턴을 배치해 재단한다
※ 시접은 모두 0.7cm
※ 치수는 위에서부터 100/110/120/130cm

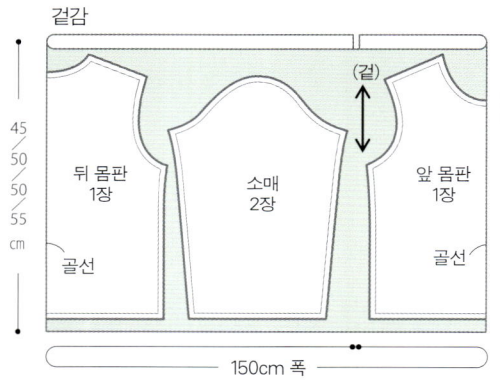
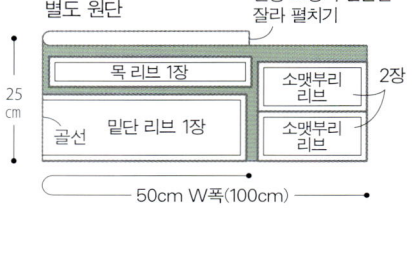

1 원단을 재단하고, 리브를 다림질한다

1-1
패턴에 시접을 넣어 원단을 재단하고, 가위집을 냅니다. 뒤 몸판의 양어깨 시접에 늘어남 방지테이프를 붙입니다.

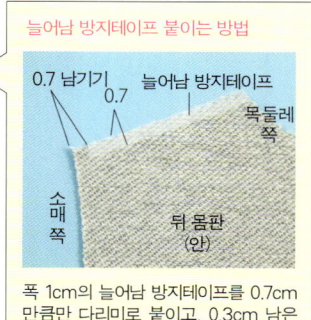

늘어남 방지테이프 붙이는 방법

폭 1cm의 늘어남 방지테이프를 0.7cm 만큼만 다리미로 붙이고, 0.3cm 남은 부분은 잘라냅니다. 이때 소매 쪽은 0.7cm를 남겨둡니다. 늘어남 방지테이프는 시접에 붙이면 봉제선까지 붙이지 않아도 됩니다.

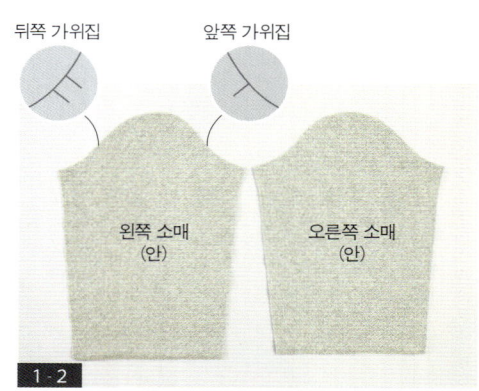

1-2
소매의 가위집은 앞쪽에 하나, 뒤쪽에 두 개 들어갑니다. 이것을 앞뒤를 알아보는 포인트로 삼습니다.

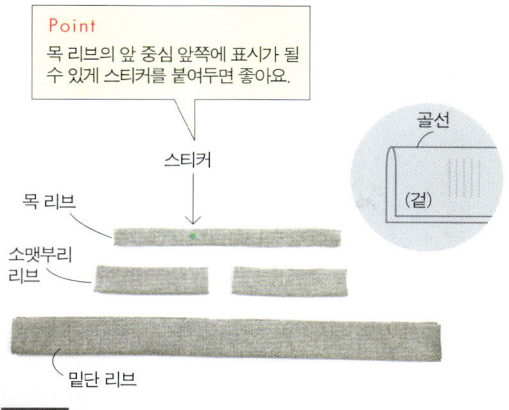

Point
목 리브의 앞 중심 앞쪽에 표시가 될 수 있게 스티커를 붙여두면 좋아요.

스티커
목 리브
소맷부리 리브
밑단 리브
골선
(겉)

1-3
목 리브, 소맷부리 리브, 밑단 리브는 모두 겉끼리 맞대어 반으로 접고 다리미로 접음선을 냅니다.

2 리브를 고리 모양으로 박는다

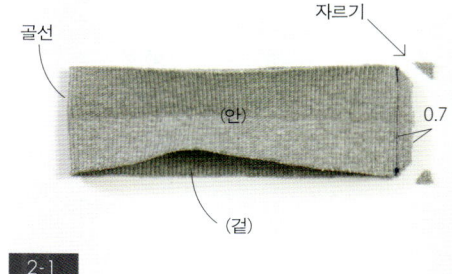

골선
자르기
(안)
(겉)
0.7

2-1
한 번 접은 리브를 펼쳐서 양끝을 겉끼리 맞대어 박고, 모서리의 시접은 잘라냅니다.

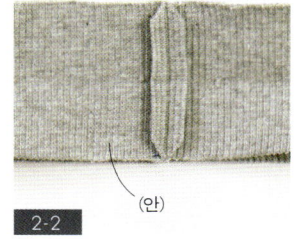

(안)

2-2
시접을 가릅니다.

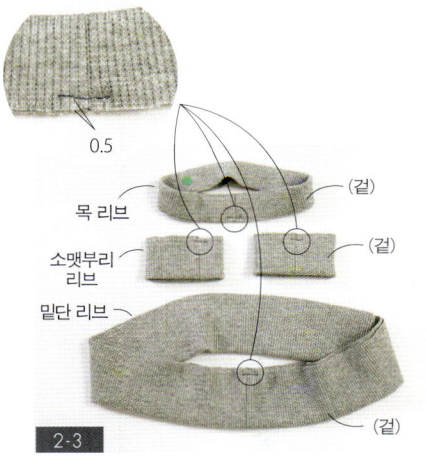

0.5
목 리브
소맷부리 리브
밑단 리브
(겉)

2-3
모든 리브를 같은 방식으로 둥글게 말아 봉제하고, 겉끼리 맞대어 한 번 접고 재봉틀로 박습니다.

3 뒤 몸판에 장식을 단다

뒤 몸판(겉)
코바스티치

뒤 몸판에 취향에 맞게 네임라벨을 코바스티치해 달아줍니다.

4 앞 몸판에 장식스티치한다

앞 몸판(겉)

4-1
앞 몸판에 장식스티치할 부분을 표시합니다(패턴 위의 ● 표시에 맞춰 송곳으로 표시한 다음, 자와 초크펜으로 선을 그립니다).

폭 0.5

4-2
재봉틀의 지그재그박기나 끝단 감치기 기능 등을 이용해 장식스티치를 합니다.

5 어깨를 박는다

뒤 몸판(겉)
앞 몸판(안)
0.7

앞 몸판과 뒤 몸판을 겉끼리 맞대어 어깨를 박습니다. 시접은 2장 함께 지그재그박기로 처리한 다음 뒤쪽으로 접습니다.

6 몸판에 목 리브를 단다

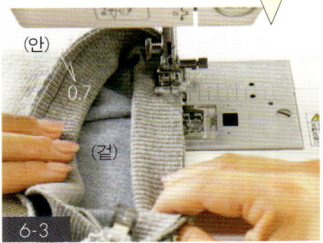

리브 원단을 맞대어 박을 때의 Point!
리브 쪽이 약간 짧으므로, 몸판에 맞대어 리브를 약간씩 늘리면서 박습니다.

어깨 모서리의 시접을 원단용 풀로 뒤쪽에 고정해둡니다.

오른쪽 어깨선 바로 옆에 있는 뒤 몸판의 가위집에 목 리브의 봉제선을 맞춥니다.

앞 중심과 양어깨의 가위집도 맞춘 다음, 원단용 집게로 임시 고정합니다.

리브를 위로 향하게 놓고 빙 둘러가며 박습니다. 봉제를 시작할 때와 끝마칠 때는 되돌아박기 합니다.

시접은 3장 함께 지그재그박기 해 처리하고, 몸판 쪽으로 접습니다.

7 몸판에 소매를 단다

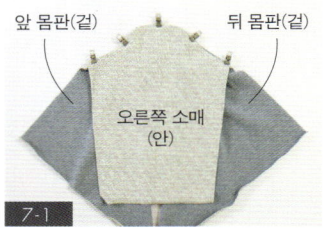
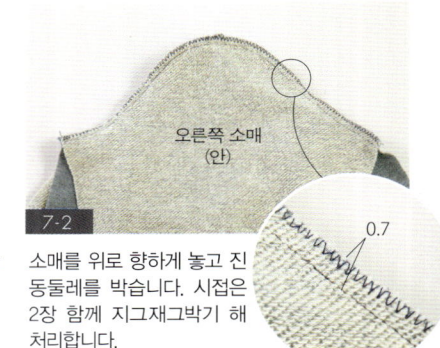

몸판의 진동둘레와 소매의 앞뒤를 확인한 다음, 겉끼리 맞대어 원단용 집게로 임시 고정합니다.

소매를 위로 향하게 놓고 진동둘레를 박습니다. 시접은 2장 함께 지그재그박기 해 처리합니다.

8 소매밑과 양옆을 박는다

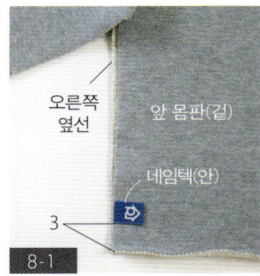
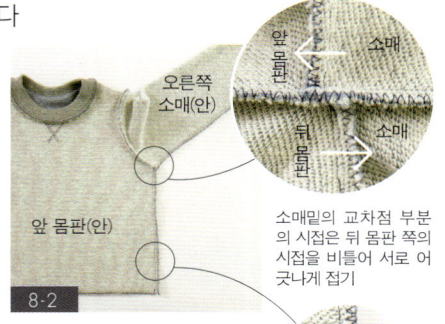

네임텍을 붙일 경우, 오른쪽 옆의 밑단에서 3cm(시접 포함) 부분에 원단용 풀로 임시 고정해둡니다.

몸판과 소매를 겉끼리 맞대어, 소매밑과 양옆을 이어 박고 시접은 2장 함께 지그재그박기로 처리하고 뒤쪽으로 접습니다.

소매밑의 교차점 부분의 시접은 뒤 몸판 쪽의 시접을 비틀어 서로 어긋나게 접기

9 밑단과 소맷부리의 리브를 단다

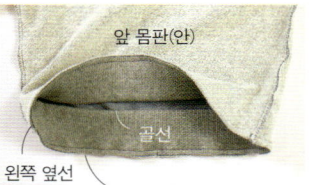

밑단 리브의 봉제선과 몸판의 왼쪽 옆선을 맞춰서, 목 리브와 같은 방법으로 박고, 시접 또한 마찬가지로 처리해 몸판 쪽으로 접습니다.

소맷부리 리브의 봉제선과 소매밑을 잘 맞춰 박고, 시접도 같은 방법으로 처리해 소매 쪽으로 접습니다.

column2
간단한 사이즈 보정방법

이 책에 수록된 패턴은 7쪽의 표준 사이즈 표를 기준으로 만들어져있습니다. 아이의 신장이 표준과 같다 해도 몸집이 좀 더 크거나 좀 더 마른 체형이어서 패턴 사이즈를 선택하는데 어려움을 느끼는 분들도 분명 있을 거예요. 하지만 패턴을 확대·축소 복사하면 실루엣이 어그러지고 입고 벗기가 불가능할 수도 있어 추천하지 않습니다. 여기에서는 초보자 분들을 위해 간단한 패턴 보정 방법 두 가지를 소개합니다.

A / 대턴의 몸판 폭을 간단히 보정하는 방법

입고 벗는 데나 전체적인 라인에 영향을 주지 않도록, 앞 중심이나 뒤 중심의 라인, 옆단과 진동둘레, 목둘레의 라인은 그대로 두고 몸판의 폭만 바꾸는 방법입니다.

앞·뒤 몸판은 똑같이 보정합니다. 앞·뒤 몸판을 각각 +0.5cm(혹은 -0.5cm) 조정하면 전체 가슴둘레가 +2cm(혹은 -2cm) 조정되는 효과가 있습니다.

0.5cm 이상 보정하면 실루엣이 어그러질 수 있으니 가급적 하지 않도록 합니다.

베낀 패턴의 소매밑 라인을 가로로 이등분한 다음, 원단 올 방향과 평행하도록 어깨부터 밑단까지 세로 라인을 이어 칼로 자릅니다.

몸판 폭을 줄이고 싶을 때
사이즈를 줄이고 싶다면, 서로 잘라낸 패턴을 평행하게 0.5cm 겹친 다음 풀로 붙입니다.

몸판 폭을 늘리고 싶을 때
사이즈를 키우고 싶다면 종이를 0.5cm 보충한 다음 풀로 붙입니다.

B / 전체적으로 작게 줄이거나 살짝 늘리고 싶을 때

평상시대로 원단을 재단한 다음 봉제선의 0.1~0.3cm 안쪽 또는 바깥쪽을 봉제하는 방법으로, 가슴둘레가 0.4~1.2cm 늘어나거나 줄어들게 됩니다.

작게 줄이고 싶을 때
봉제선보다 0.1~0.3cm 안쪽을 봉제선과 평행하게 박습니다. 목둘레 부분은 그대로 봉제선을 따라 박아도 되지만, 줄이고 싶다면 완성선보다 시접 쪽을 봉제합니다.

조금 늘리고 싶을 때
봉제선 바깥쪽 0.1~0.3cm 지점을 봉제선과 평행하게 박습니다. 목둘레 부분은 그대로 봉제선을 따라 박아도 되지만, 늘리고 싶다면 시접보다 몸판 쪽을 봉제합니다.

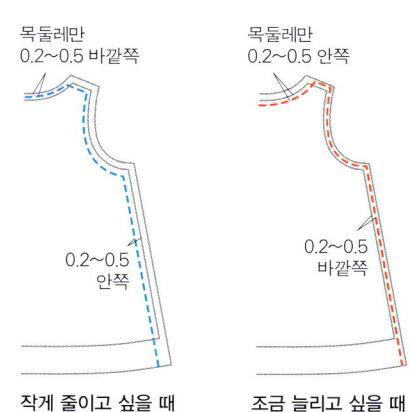

How to make

- 만드는 방법의 수치들은 cm 단위로 표기되어 있습니다.
- 이 책에 실린 패턴에는 시접이 포함되어 있지 않습니다. 재단 배치도를 참고하여 시접을 추가로 잡아주세요.
- 재단 배치도는 130cm 사이즈의 배치 예시입니다. 다른 사이즈일 경우 공간을 약간 더 빡빡하게 배치할 수 있는 경우도 있습니다.
- 재단 배치도대로 원단을 접을 경우 겉면이 밖으로 나오게 접고, 패턴은 원단 겉면에 배치하세요.
- 재료에 표기한 원단은 무늬가 없는 경우를 기준으로 했습니다. 무늬를 맞춰야 할 경우 10~20% 정도 더 여유 있게 원단을 준비하세요.
- 재료에 표기한 고무줄의 치수는 1~1.5cm 시접에 겹치는 분량까지 감안했습니다. 이 수치를 기준으로 아이 몸에 맞게 치수를 조정하세요.

간단 레슨

감침질

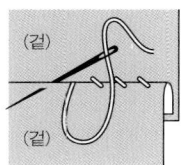

바늘을 사선으로 꽂아 아래쪽 원단을 뜬 다음 위쪽 원단의 접음선을 살짝 떠서 봉제합니다.

원단으로 고리 만드는 법(걸이 뒤집개 사용법)

걸이 뒤집개 끝을 원단 끝에 걸기 / 곡선으로 구부리기

단춧구멍 크기에 대해서

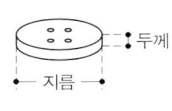 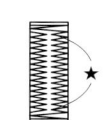

★ = 단추 지름+단추 두께 (0.2cm 정도)

단춧구멍의 안쪽 지름을 ★cm로 설정

※ 단춧구멍 만드는 법은 83쪽을 참고합니다.

스냅단추 다는 법

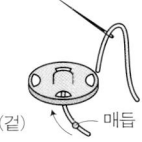  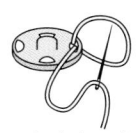

① 실 끝에 매듭을 지은 다음, 원단(겉)을 1번 떠서 스냅단추 구멍 바로 옆으로 실을 빼냅니다.

② ①에서 뜬 바로 옆에 바늘을 꽂은 다음 단추의 구멍으로 바늘을 빼냅니다.

③ 고리 사이로 바늘을 통과해 실을 빼냅니다.

④ 3번 정도 ②③ 과정을 반복한 뒤 다음 구멍으로 이동합니다.

⑤ 완성된 모습입니다.

구멍이 4개인 단추 다는 법

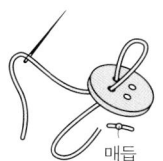 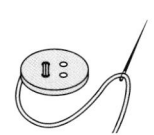 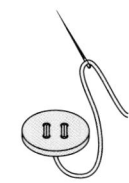

① 실 끝에 매듭을 짓고 원단(겉)을 1번 뜬 다음 단추에 통과시킵니다.

② ①을 2~3회 반복합니다.

③ 같은 방법으로 옆의 구멍에도 실을 통과시킵니다.

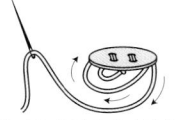 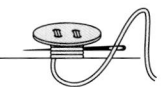

④ 단추와 원단 사이 실에 2~3회 실을 감습니다.

⑤ 실을 다 감은 뒤 기둥 안으로 바늘을 통과시킨 다음 원단 안쪽으로 바늘을 빼내 매듭을 짓습니다.

⑥ 완성된 모습입니다(왼쪽). 오른쪽처럼 실을 통과해 다는 방법도 추천합니다.

F-2

니커즈

(38쪽) 실물 크기 패턴 C면

재료

※ 치수는 왼쪽부터 100/110/120/130cm
겉감 (베이지색 중간 두께 코튼)
　　　110cm 폭 × 80/90/100/110cm
고무줄 (8골·허리 분) … 40/43/46/49cm 2줄
　　　　(밑단 분) … 19/20/21/22cm 6줄

봉제 순서

1. 원단을 재단하고, 시접을 다림질하기
2. 뒤 팬츠에 뒷주머니 달기(34쪽 2 참고)
3. 앞 팬츠에 앞주머니 달기
4. 앞·뒤 팬츠의 밑위 박기
5. 양옆과 밑아래 박기
6. 앞주머니 위치에 스티치하기
7. 허리 벨트 달기(36쪽 7 참고)
8. 밑단을 두 번 접어 처리하기
9. 허리와 밑단에 고무줄 끼우기

재단 배치도

※ 따로 표시해둔 부분 이외의 시접은 1cm
※ 치수는 위에서부터 100/110/120/130cm

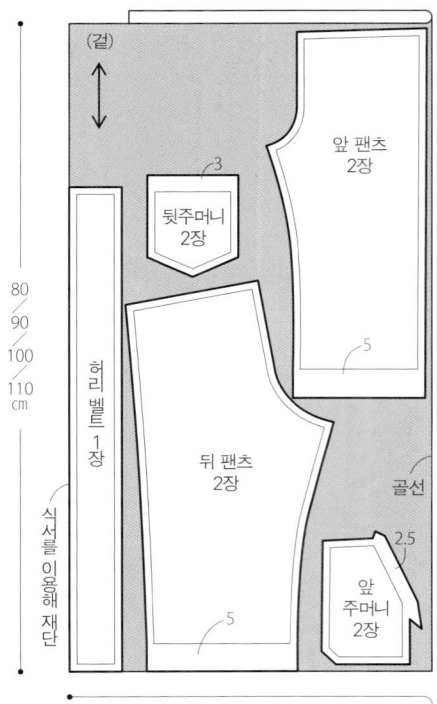

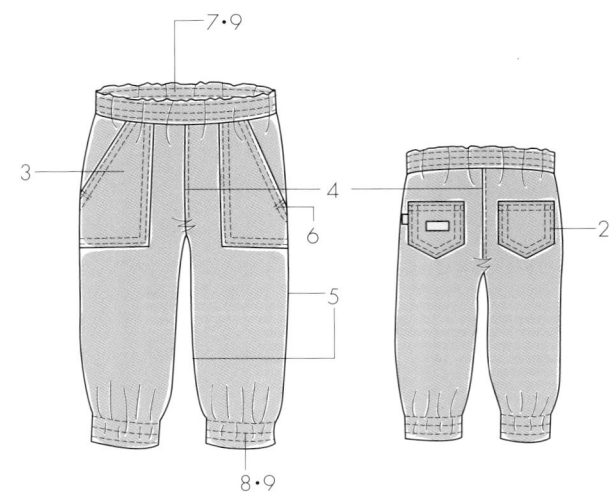

1 원단을 재단하고 시접을 다림질한다

지정 파트의 시접을 다리미로 접는다.

3 앞 팬츠에 앞주머니를 단다

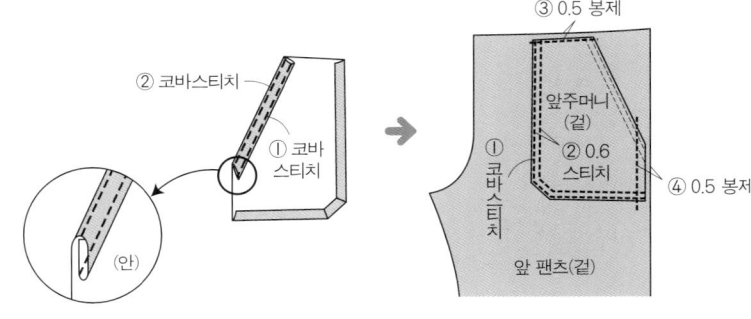

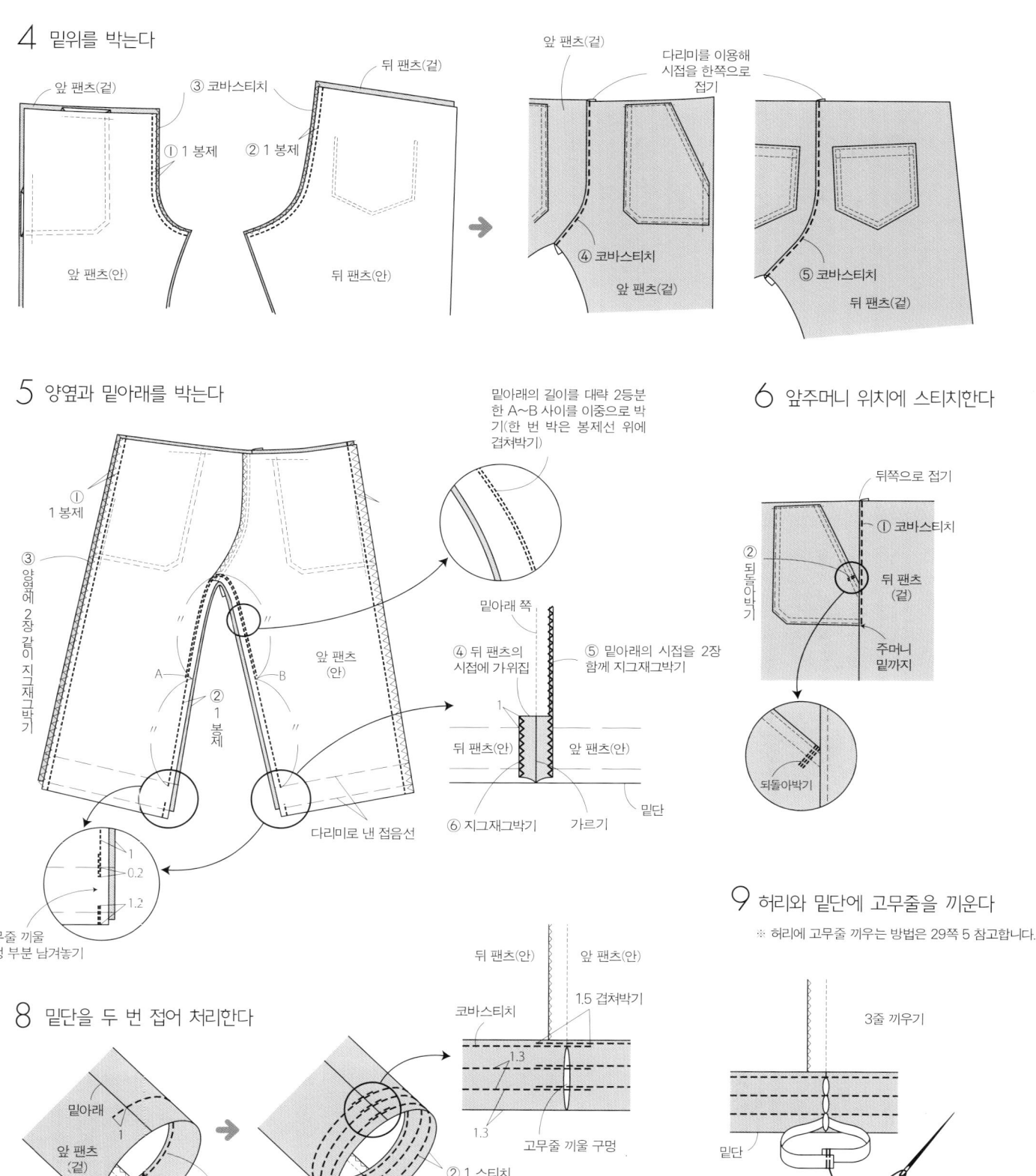

G-2

프릴 스목

(45쪽) 실물 크기 패턴 B면

재료

※ 치수는 왼쪽부터 100/110/120/130cm
겉감 (오렌지색 보일) 110cm 폭 × 105/110/120/130cm
고무줄 (6골·목둘레 분) … 40/42/44/46cm 1줄
　　　 (소맷부리 분) … 18cm (공통) 6줄

봉제 순서

1. 원단을 재단하고, 시접을 다림질하기
2. 앞 몸판에 주머니 달기(47쪽 2 참고)
3. 앞·뒤 몸판에 소매를 맞대어 박기(48쪽 3 참고)
4. 목 프릴을 고리 모양으로 잇기
5. 목 프릴 끝을 두 번 말아박기
6. 목둘레에 목 프릴 달기
7. 소매밑과 옆을 이어 박기
8. 시접을 지그재그박기 해 처리하기(49쪽 6 참고)
9. 밑단과 소맷부리를 두 번 접어박기
10. 목둘레와 소맷부리에 고무줄 끼우기

재단 배치도

※ 따로 표시해둔 부분 이외의 시접은 1cm
※ 치수는 위에서부터 100/110/120/130cm

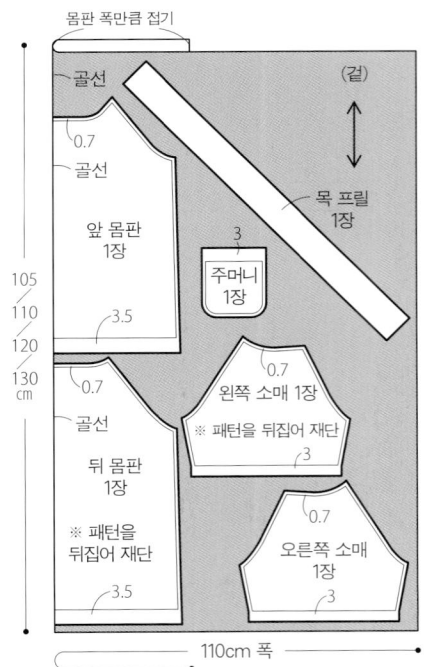

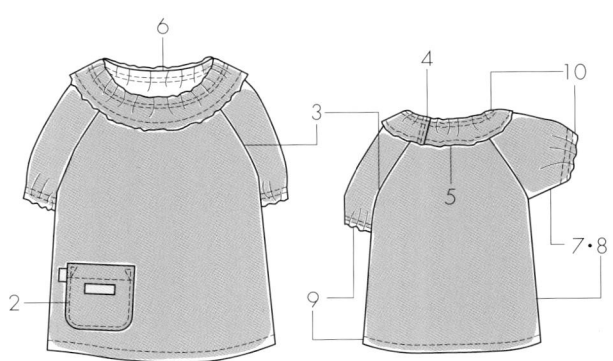

4 목 프릴을 고리 모양으로 잇는다

5 목 프릴 끝을 두 번 말아박기로 처리한다

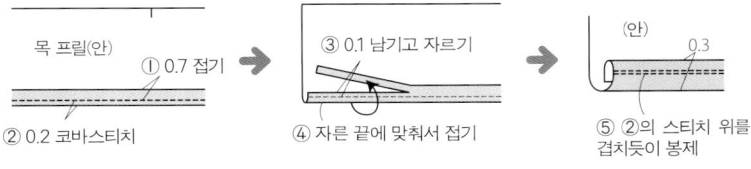

6 목둘레에 목 프릴을 단다

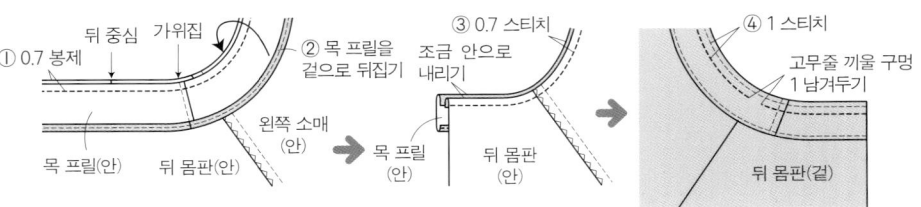

7 소매밑과 옆을 이어 박는다

9 밑단과 소맷부리를 두 번 접어박기 한다

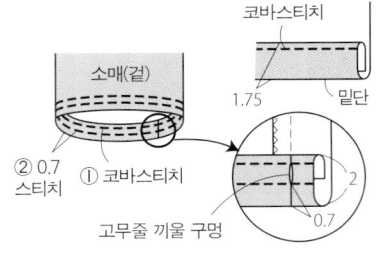

H-2
프릴 원피스
(53쪽) 실물 크기 패턴 A면

재료
※ 치수는 왼쪽부터 100/110/120/130cm
겉감 (핑크 코튼 샴브레이)
　　110cm 폭 × 90/95/100/110cm
접착심 (뒤 트임 안단 분) 10cm × 15cm
폭 1cm 새틴 리본 … 35cm 2개

봉제 순서
1. 원단을 재단하고, 시접을 다림질하기
2. 앞 몸판의 턱 박기(54쪽 2 참고)
3. 옆에 숨은주머니 달기(62쪽 3 참고)
4. 뒤 트임의 리본 달기(55쪽 3 참고)
5. 뒤 트임 밑단 처리하기(55쪽 4 참고)
6. 어깨 박기(55쪽 5 참고)
7. 목둘레의 밑단 처리하기(56쪽 6 참고)
8. 소매 프릴 단을 두 번 말아박기(56쪽 7 참고)
9. 소매 프릴에 주름을 잡아 몸판에 달기(57쪽 8 참고)
10. 진동둘레를 바이어스감으로 처리하기(57쪽 9 참고)
11. 양옆 박기(64쪽 7 참고)
12. 밑단 프릴 만들기
13. 몸판에 밑단 프릴 달기

재단 배치도
※ 따로 표시해둔 부분 이외의 시접은 1cm
※ 치수는 위에서부터 100/110/120/130cm
※ 빗금친 부분(뒤 트임 안단) 안쪽에 접착심을 붙인다

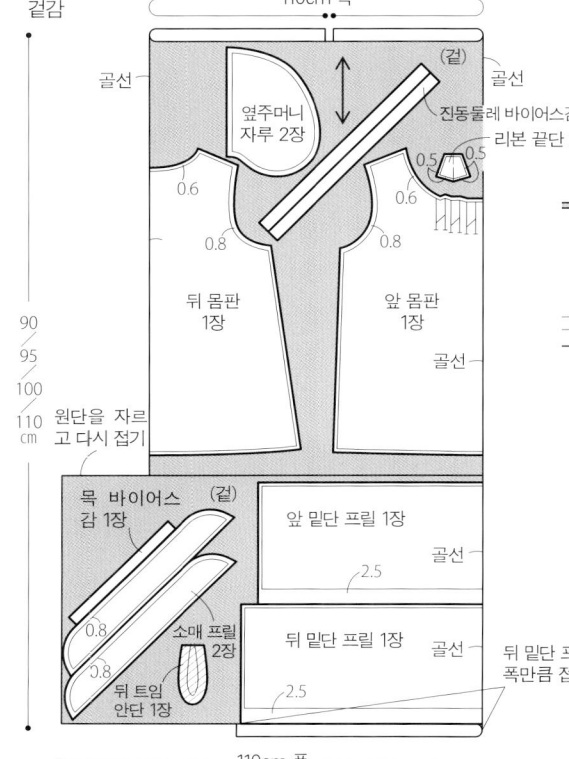

1 원단을 재단하고, 시접을 다림질한다

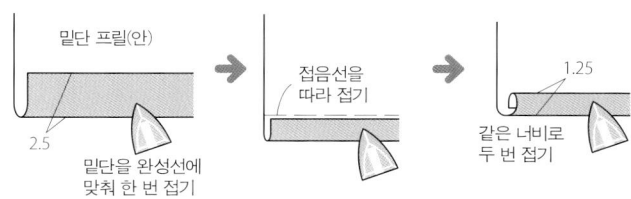

※ 그 외 부분을 다림질하는 방법은 54~55쪽을 참고합니다(몸판의 시접은 접지 말 것).

12 밑단 프릴을 만든다

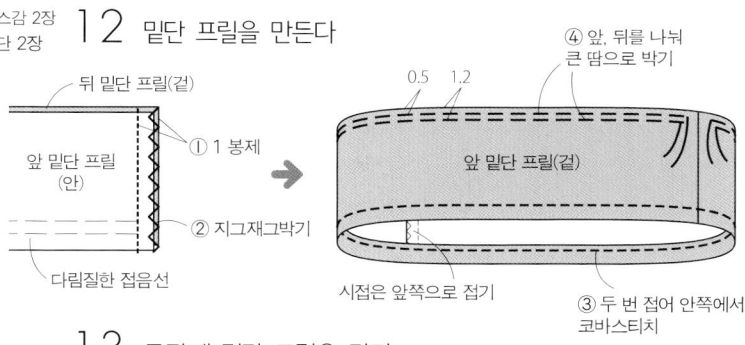

13 몸판에 밑단 프릴을 단다

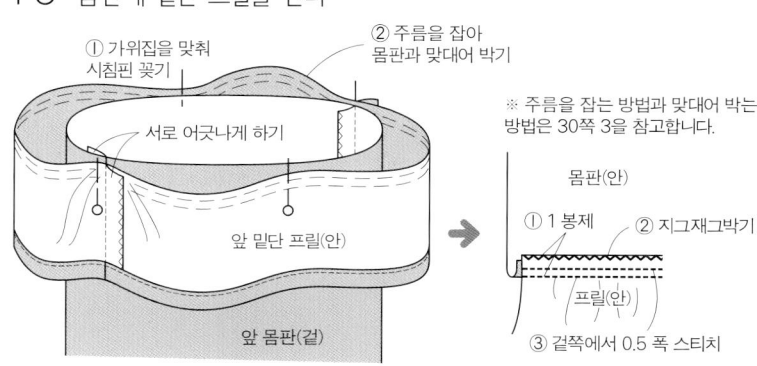

※ 주름을 잡는 방법과 맞대어 박는 방법은 30쪽 3을 참고합니다.

J-2

절개 블라우스

(71쪽) 실물 크기 패턴 B면

재료

※ 치수는 왼쪽부터 100/110/120/130cm
겉감 (리버티프린트) 110cm 폭 x 80/85/90/100cm
별도 원단 (면 브로드클로스) 90cm 폭 x 20cm
접착심 (앞섶 분) 15cm x 25cm
지름 1cm 단추 … 4개

봉제 순서

1. 원단을 재단하고, 시접을 다림질하기
2. 바대와 안단의 어깨를 박고, 목둘레를 맞대어 박기(73쪽 3 참고)
3. 몸판에 큰 땀으로 박고, 주름 잡기
4. 몸판과 바대·안단을 맞대어 박기(74쪽 4 참고)
5. 앞섶 만들기
6. 몸판에 소매 달기
7. 소매밑과 옆을 이어 박고, 슬릿 만들기
8. 소맷부리와 밑단을 두 번 접어박기(64쪽 10 참고)
9. 단춧구멍을 만들고 단추 달기(83쪽 15 참고)

재단 배치도

※ 따로 표시해둔 부분 이외의 시접은 1cm
※ 치수는 위에서부터 100/110/120/130cm
※ 빗금친 부분(앞섶) 안쪽에 접착심을 붙인다

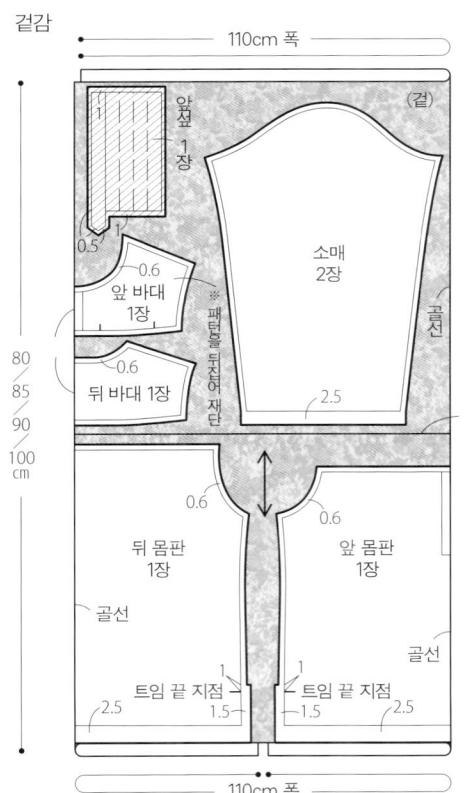

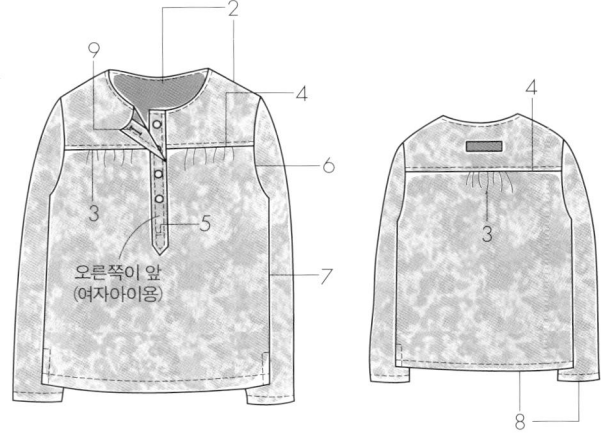

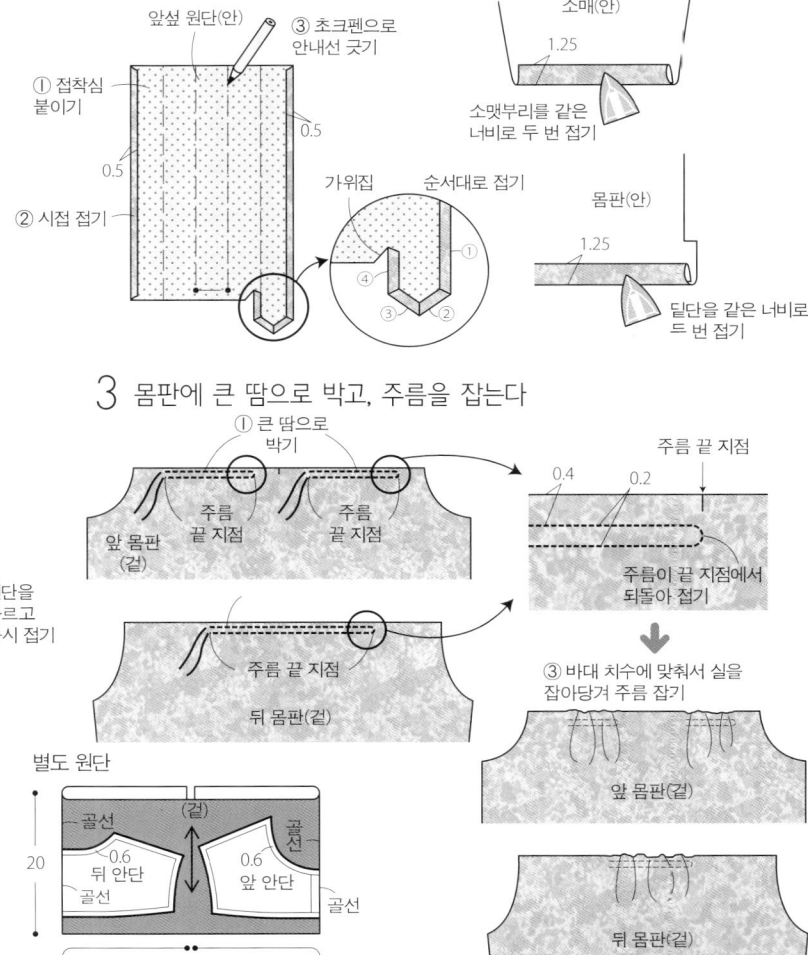

5 앞섶을 만든다

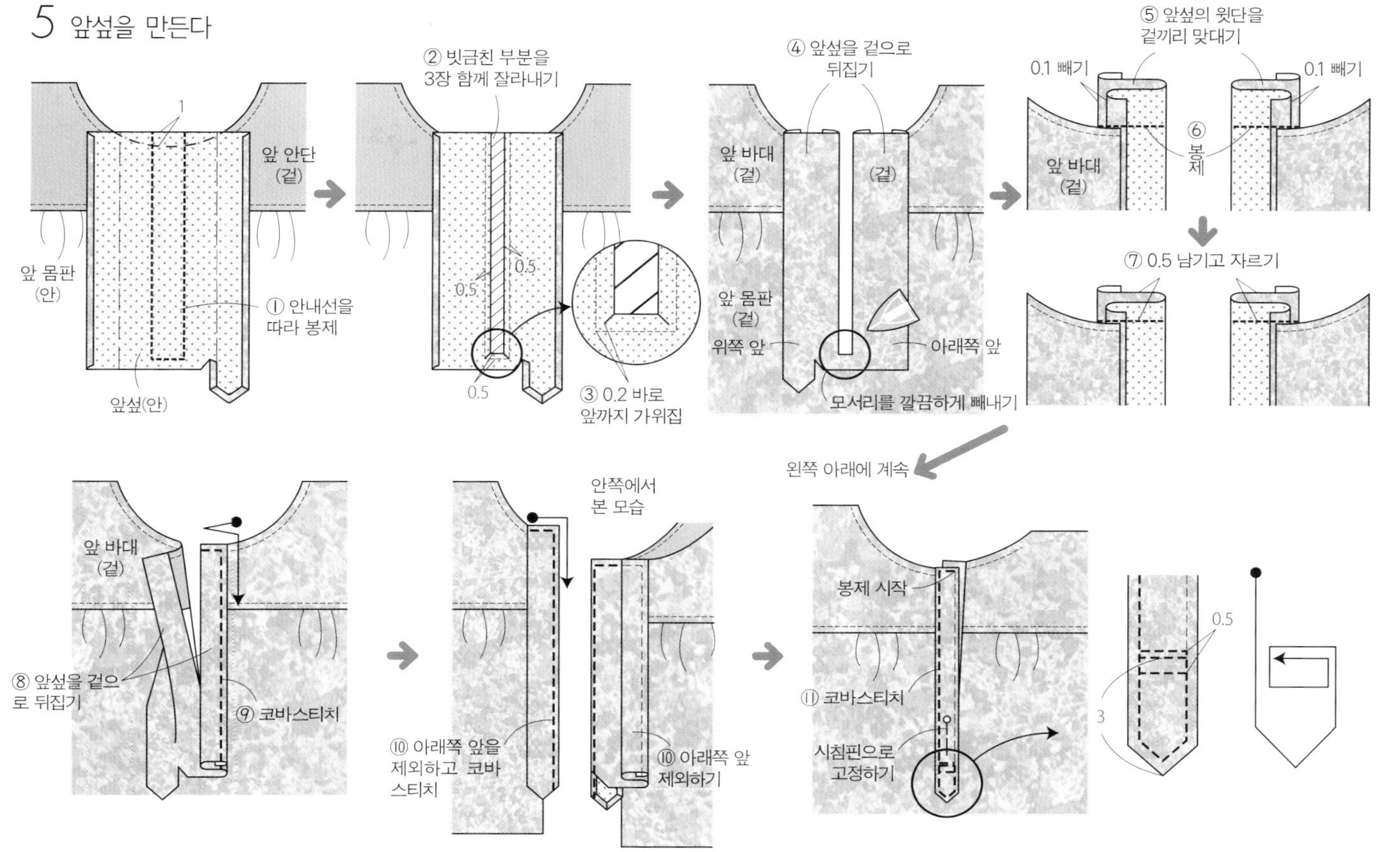

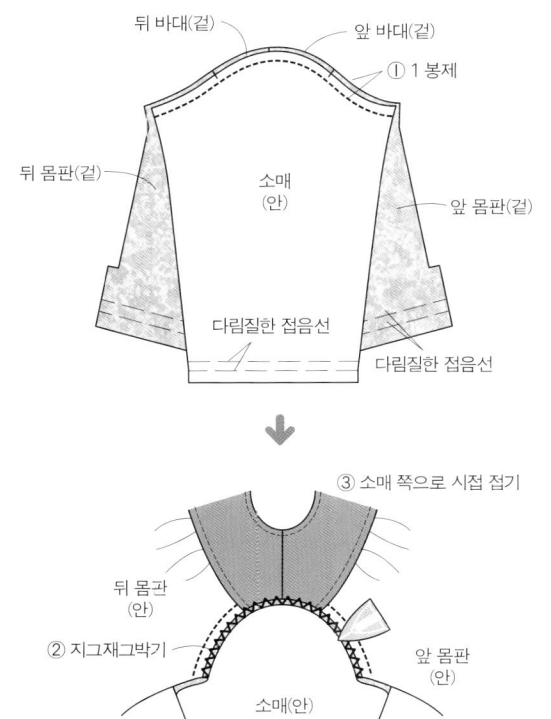

6 몸판에 소매를 단다

7 소매밑과 옆을 이어 박고, 슬릿을 만든다

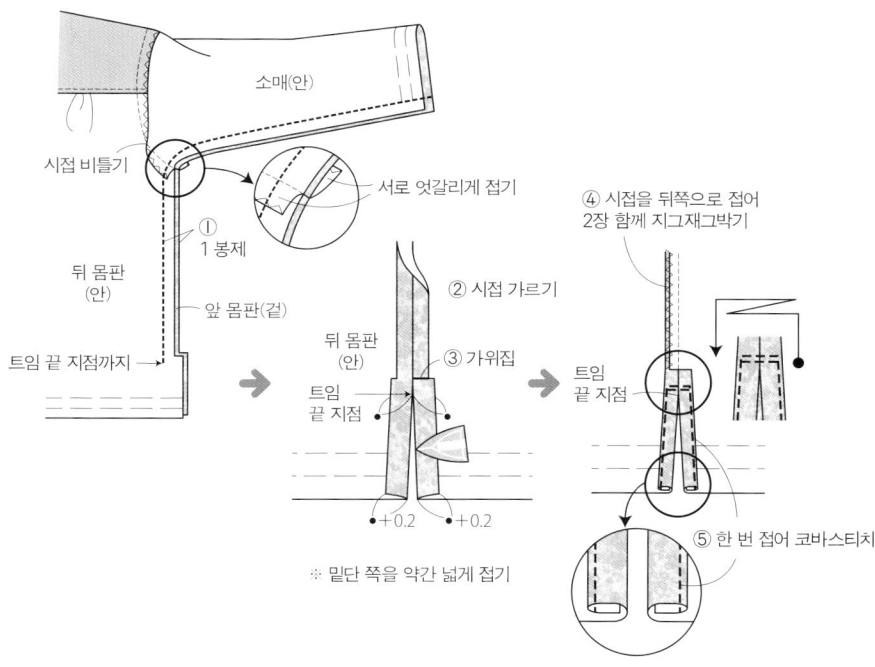

M-2

보트넥 원피스

(97쪽) 실물 크기 패턴 D면

재료

※ 치수는 왼쪽부터 100/110/120/130cm
겉감 (진녹색 미니 쭈리) 170cm 폭 × 55/65/70/80cm
별도 원단 (면 브로드클로스) 20cm × 15cm
접착심 (안단·주머니 입구·리본·리본 대 분) 25cm 폭 × 15cm
폭 1cm 늘어남 방지테이프 (뒤 어깨선) … 20cm
※ 위의 테이프를 폭 0.7cm로 잘라서 사용
지름 0.8cm 스냅단추 … 1쌍
※ 가정용 재봉틀로 니트 원단을 봉제할 때는 니트용 바늘과 실, 접착심을 사용(93쪽 참고)

봉제 순서

1. 원단을 재단하고, 시접을 다림질하기(소맷부리와 밑단은 완성선에 맞춰 한 번 접고, 주머니는 107쪽 2와 같은 방법으로 접기)
2. 주머니 만들기(107쪽 2 참고)
3. 주머니 달기(107쪽 3 참고)
4. 뒤 트임 만들기
5. 어깨 박기(100쪽 3 참고)
6. 목둘레를 한 번 접어박기(100쪽 4 참고)
7. 몸판에 소매 달기(101쪽 5 참고)
8. 소매밑과 옆을 이어 박기(101쪽 6 참고)
9. 소맷부리와 밑단을 한 번 접어박기(101쪽 7 참고)
10. 리본 만들기
11. 리본 달기

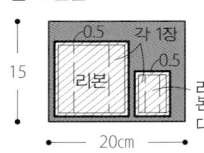

재단 배치도

※ 따로 표시해둔 부분 이외의 시접은 0.7cm
※ 치수는 위에서부터 100/110/120/130cm
※ 빗금친 부분(안단·주머니 입구·리본·리본 대) 안쪽에 접착심을 붙인다

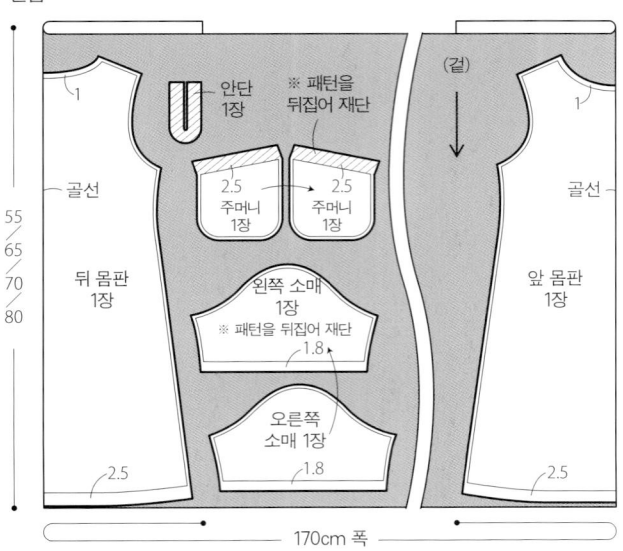

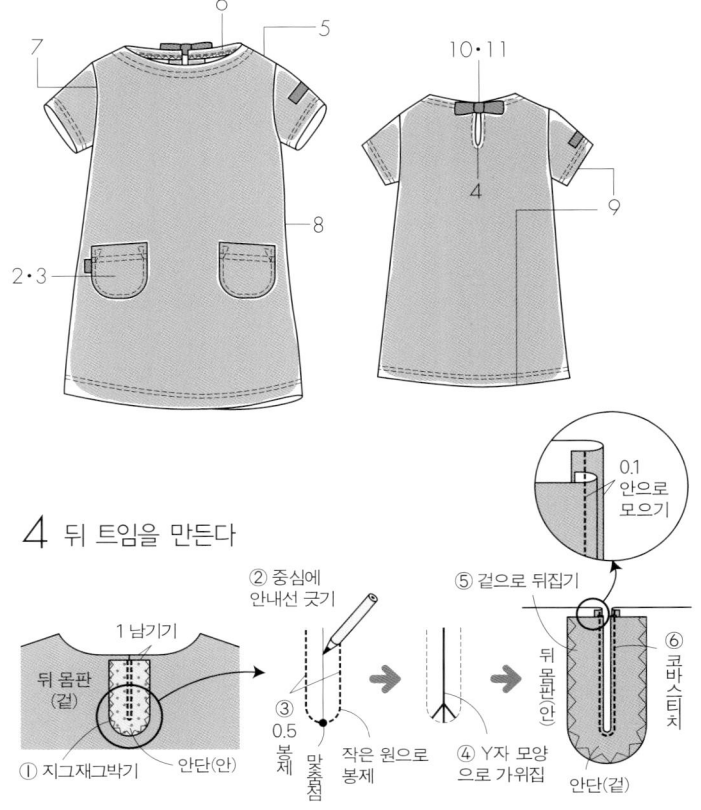

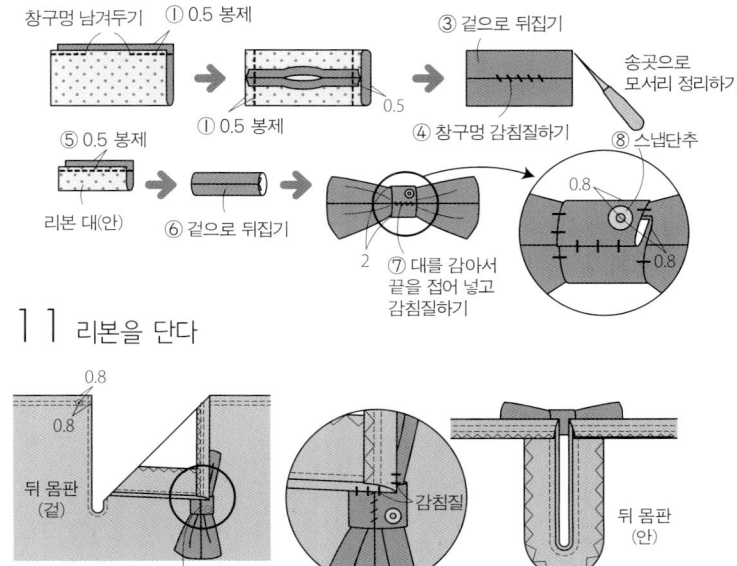

N-1

니트 반바지

(104쪽) 실물 크기 패턴 D면

재료

※ 치수는 왼쪽부터 100/110/120/130cm
겉감 (황색 쭈리) 150cm 폭 × 35/40/45/50cm
별도 원단 (슬리크) 40cm × 20cm
리브 (스판덱스 리브) 50cm W폭 × 10cm
접착심 (뒷주머니 입구 분) … 15 × 10cm
3cm 폭 고무줄 (허리 분) … 47/50/53/56cm 1줄
1cm 폭 능직 끈 (앞 표시용) … 25cm 1개
※ 가정용 재봉틀로 니트 원단을 봉제할 때는 니트용 바늘과 실, 접착심을 사용 (93쪽 참고)

봉제 순서

1 원단을 재단하고, 시접을 다림질하기 (106쪽 1 참고)
2 뒷주머니 만들기 (107쪽 2 참고)
3 뒤 팬츠에 뒷주머니 달기 (107쪽 3 참고)
4 앞쪽 옆주머니 만들기 (108쪽 4 참고)
5 밑위 박기 (108쪽 5 참고)
6 양옆과 밑아래 박기 (108쪽 6 참고)
7 허리 리브 달기 (109쪽 7 참고)
8 밑단을 한 번 접어박기
9 고무줄 끼우기 (109쪽 8 참고)

재단 배치도

※ 따로 표시해둔 부분 이외의 시접은 0.7cm
※ 치수는 위 또는 왼쪽에서부터 100/110/120/130cm
※ 빗금친 부분에 접착심을 붙인다

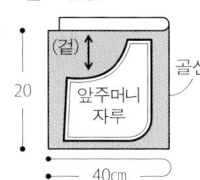

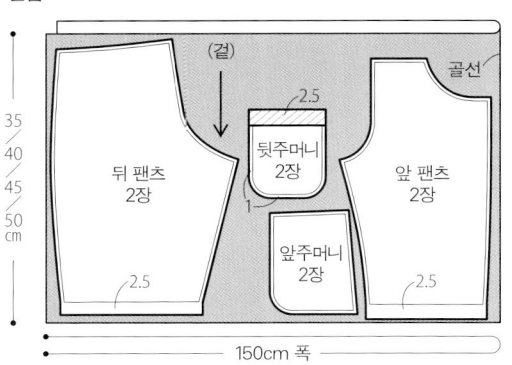

1 원단을 재단하고 시접을 다림질한다

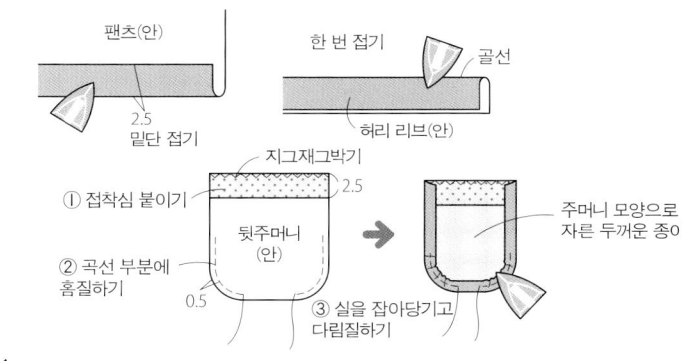

6 양옆과 밑아래를 박는다

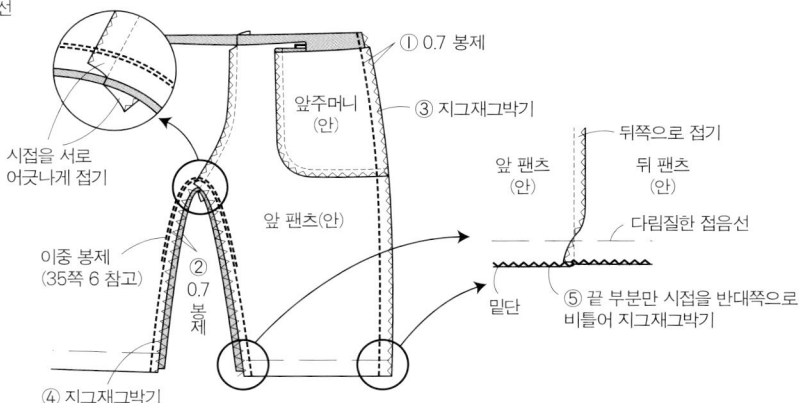

8 밑단을 한 번 접어박기 한다

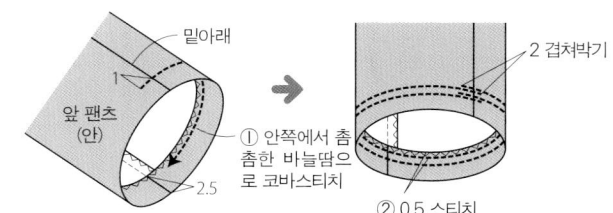

P

단추 카디건
(111쪽) 실물 크기 패턴 A면

재료

※ 치수는 왼쪽부터 100/110/120/130cm
겉감 (골판지 니트) 180cm 폭 x 45/50/55/55cm
별도 원단 A (리버티프린트) 60cm 폭 x 45/50/55/55cm
별도 원단 B (면 브로드클로스) 30cm x 10cm
접착심 (앞 안단·뒤 안단 분) 45cm x 45/50/55/55cm
1cm 폭 늘어남 방지테이프 (뒤 어깨선) … 20cm
※ 위의 테이프를 폭 0.7cm로 잘라서 사용
지름 1cm 단추 … 5개
길이 2cm 브로치 핀 … 2개
※ 가정용 재봉틀로 니트 원단을 봉제할 때는 니트용 바늘과 실, 접착심을 사용(93쪽 참고)

봉제 순서

1. 원단을 재단하고, 시접을 다림질하기
2. 어깨 박기
3. 몸판에 안단 대기
4. 몸판에 소매 달기
5. 소매밑과 옆을 이어 박고, 소맷부리와 밑단 처리하기
6. 단춧구멍을 만들고 단추 달기
7. 리본 만들기
8. 몸판에 리본 달기

재단 배치도

※ 따로 표시해둔 부분 이외의 시접은 0.7cm
※ 치수는 위에서부터 100/110/120/130cm
※ 빗금친 부분에 접착심을 붙인다

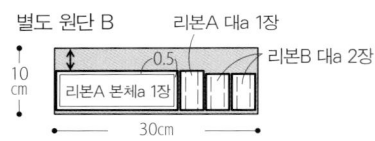

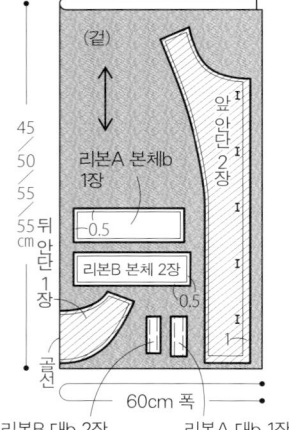

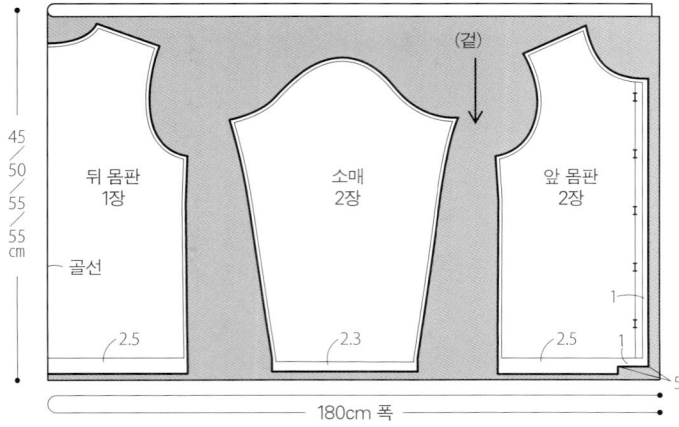

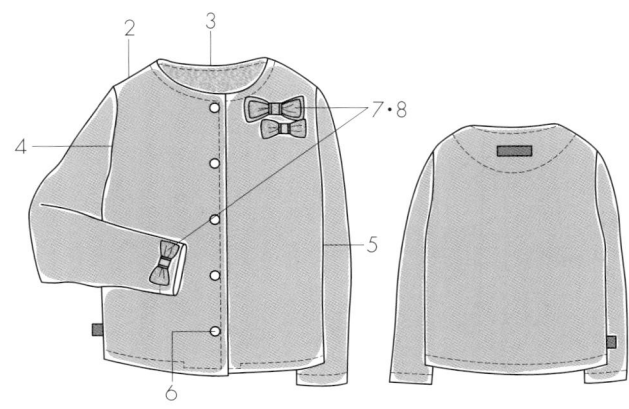

1 원단 재단하고 시접을 다림질한다

2 어깨를 박는다

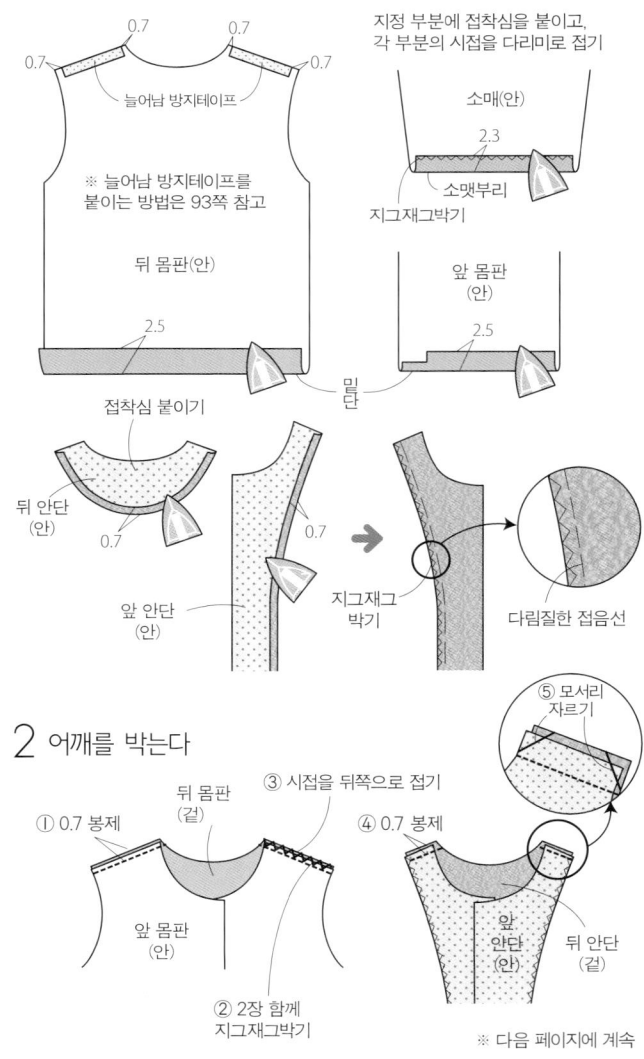

※ 다음 페이지에 계속

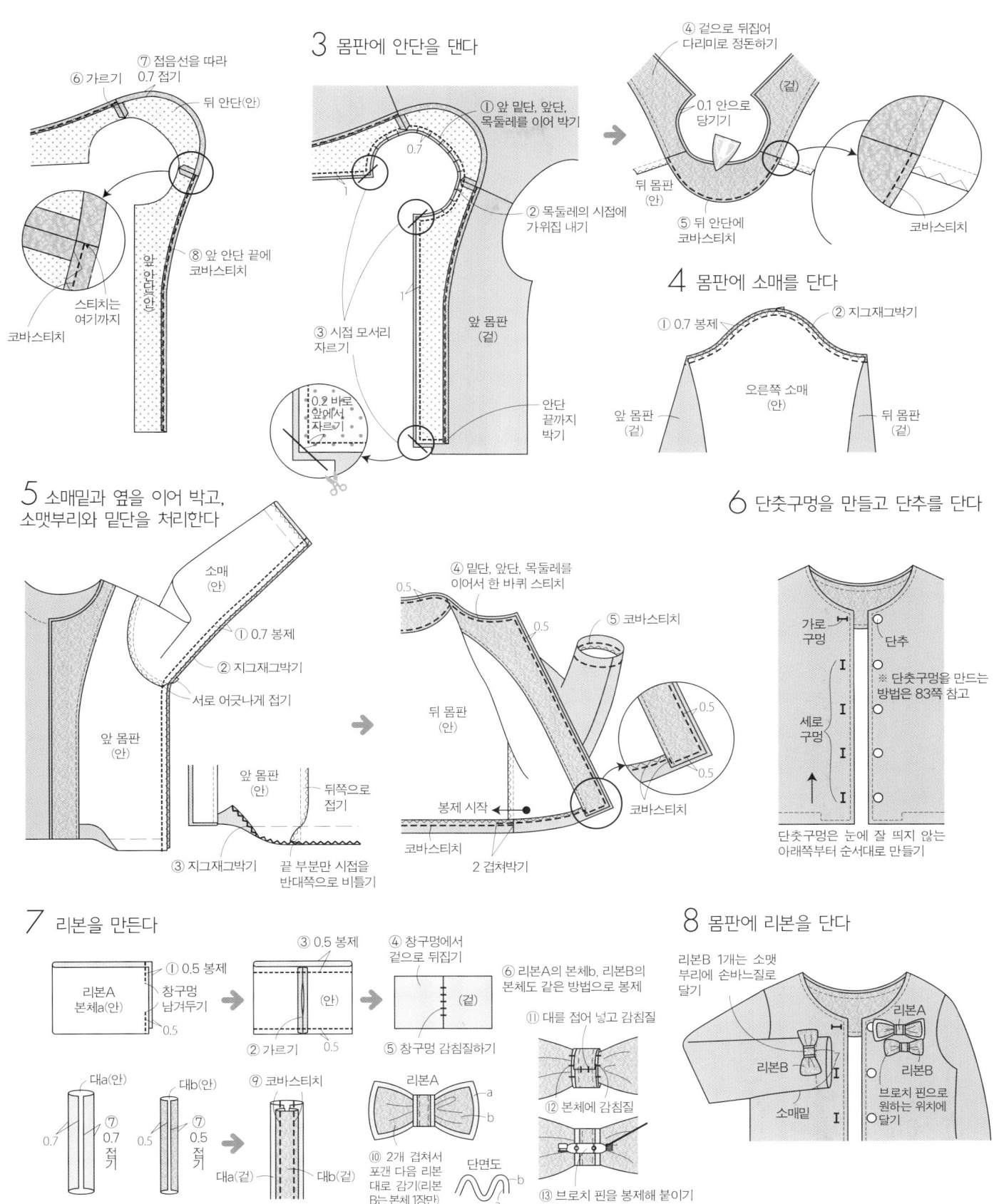

리본 백

(59쪽) 실물 크기 패턴 A면

재료

- 겉감 (핑크 컬러 리넨) 110cm 폭 x 40cm
- 별도 원단 (리버티프린트) 40cm x 30cm
- 안감 원단 (면 브로드클로스) 55cm x 25cm
- 접착심 (덮개·리본 본체·리본 대·단추 받침) 35cm x 20cm
- 지름 1.2cm 자석 똑딱단추 … 1쌍

봉제 순서

1. 원단을 재단하고, 시접을 다림질하기
2. 리본 만들기
3. 자석 똑딱단추 달기
4. 리본과 덮개를 본체에 붙이고, 옆과 바닥 봉제하기
5. 어깨끈을 박고, 본체 겉감과 안감을 맞대어 박기

재단 배치도

※ 따로 표시해둔 부분 이외의 시접은 1cm
※ 빗금친 부분에 접착심을 붙인다

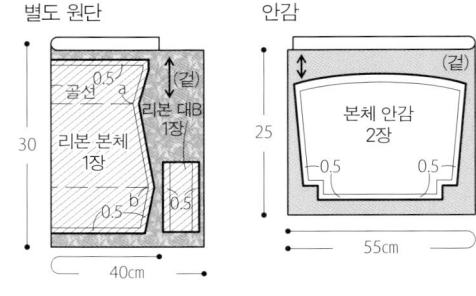

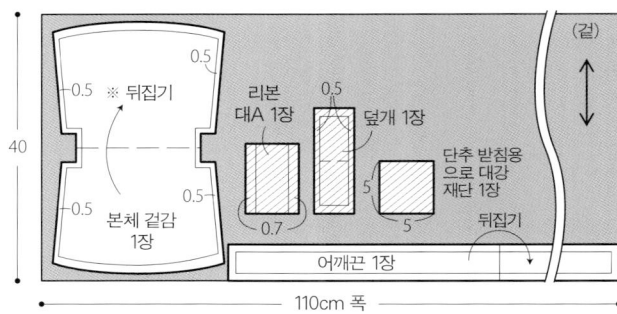

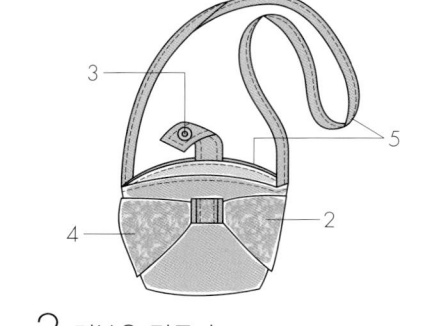

1. 원단을 재단하고 시접을 다림질한다

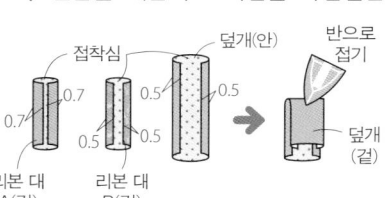

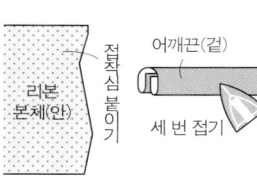

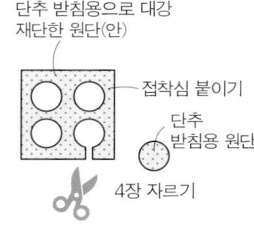

2. 리본을 만든다

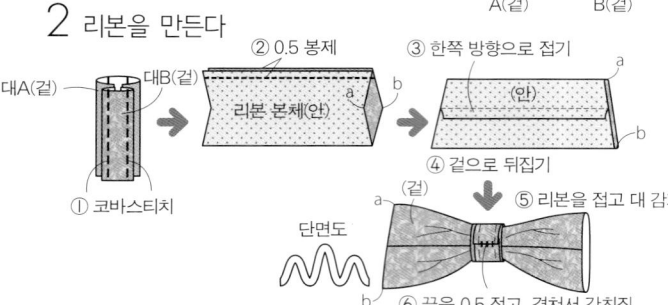

3. 자석 똑딱단추를 단다

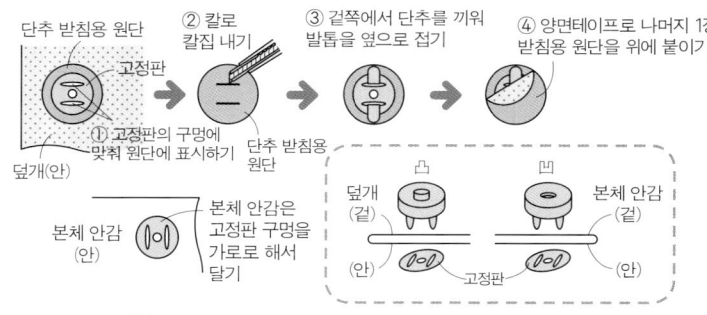

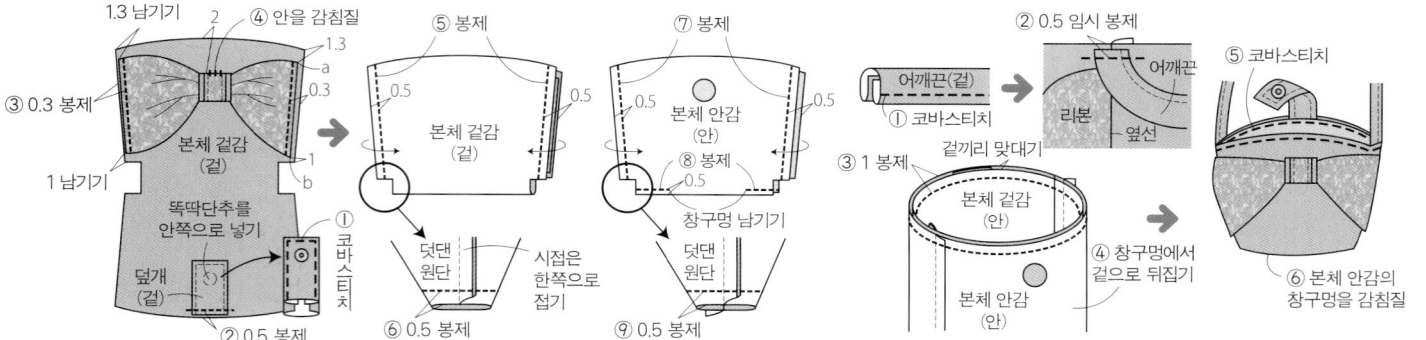

4. 리본과 덮개를 본체에 붙이고, 옆과 바닥을 박는다

5. 어깨끈을 박고, 본체 겉감과 안감을 맞대어 박는다

머리띠

(52쪽) 실물 크기 패턴 B면

재료

겉감 (리버티프린트) 60cm x 20cm
별도 원단 (컬러 리넨) 55cm x 25cm
접착심 (리본 본체·리본 대 분) 25cm x 15cm
폭 1.5cm 고무줄 … 13cm

봉제 순서

1. 원단을 재단하고, 시접을 다림질하기
2. 밴드 봉제하기
3. 밴드에 뒤끈 달기
4. 리본 본체 봉제하기
5. 리본 대를 박고, 밴드에 리본 달기

재단 배치도

※ 따로 표시해둔 부분 이외의 시접은 0.5cm
※ 빗금친 부분에 접착심을 붙인다

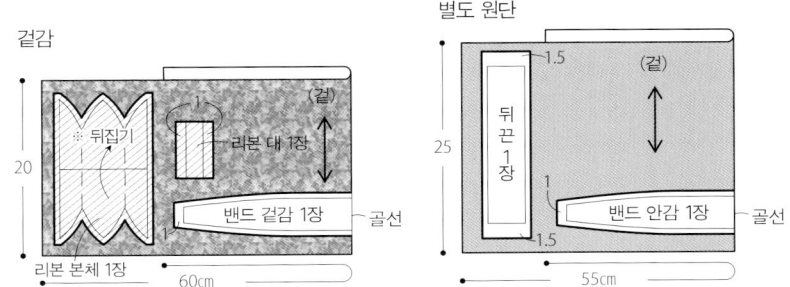

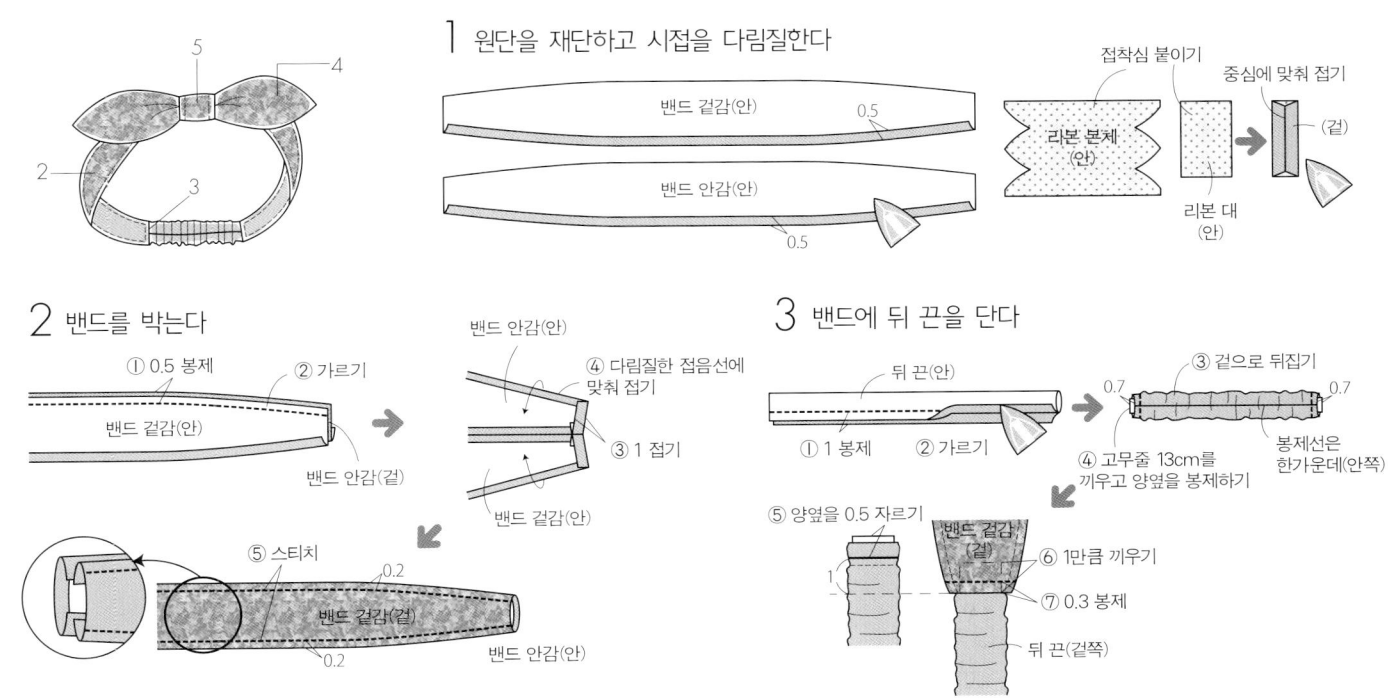

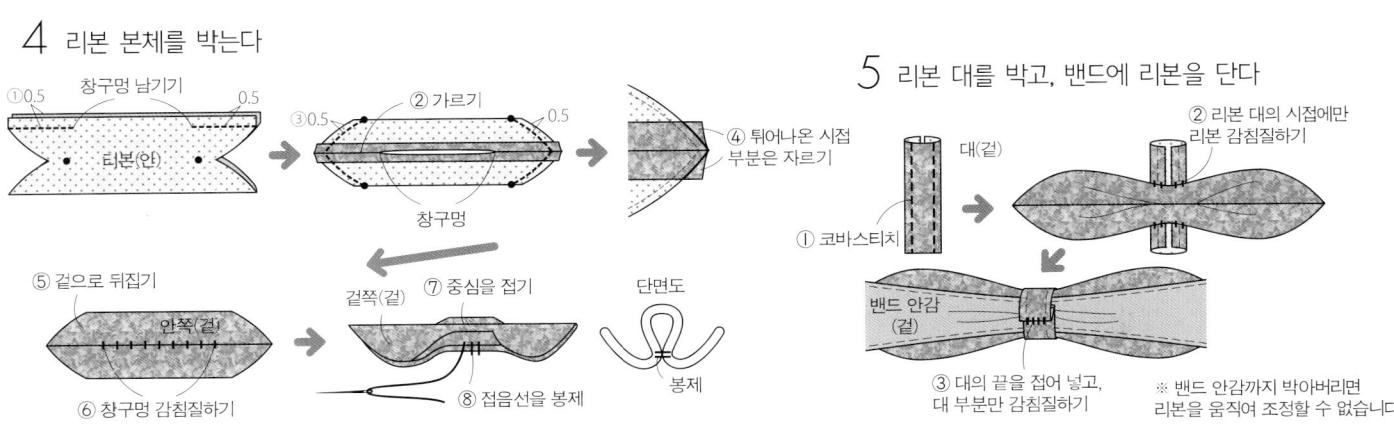

한눈에 배우는 봉제방법 일람표

바느질에는 여러 가지 테크닉이 있습니다. 하지만 보다 간단한 방법, 보다 튼튼하게 봉제하는 방법은 있어도 반드시 이 방법으로만 봉제해야 한다는 규칙은 없습니다. 이 책에서는 초보자 분들도 도전할 수 있도록 너무 어렵지 않은 봉제방법만을 소개하고 있으므로, 만들어보면서 다양한 테크닉을 익혀보세요.

테크닉 \ 작품명 수록 페이지	A 쇼트팬츠	B 개더스커트	C 절개스커트	D 티어드스커트	E-1 크롭트팬츠	F-1 반바지	E-2 벌룬팬츠	F-2 니커즈	G-1 긴소매스목	G-2 프릴스목	G-3 스목원피스	머리띠	H-1 프릴블라우스	H-2 프릴원피스	I-1 개더캐미솔	I-2 개더튜닉	리본백	J-1 풀오버셔츠	J-2 절개블라우스	K-1 스텐칼라셔츠	K-2 둥근칼라블라우스	L 후드코트	M-1 보트넥티셔츠	M-2 보트넥원피스	M-3 크로스넥티셔츠	N-1 니트반바지	N-2 니트쇼트팬츠	O 키즈트레이너	P 단추카디건
	20	20	26	27	32	33	39	38	44	45	50	52	52	53	58	59	59	70	71	76	77	86	96	97	102	104	105	110	111
되돌아박기	●	●	●	●	●	●	●	●	●	●	●		●	●	●	●	●	●	●	●	●	●	●	●	●	●	●		●
코바스티치	●	●	●	●	●	●	●	●	●	●	●		●	●	●	●		●	●	●	●	●	●	●	●	●	●		●
지그재그박기																													
더블스티치	●																						●	●	●				
한 번 접어 더블스티치																							●	●					
쌈솔	●	●	●							●				●								●							
통솔																						●							
두 번 접어 끝단 박기	●	●	●	●			●			●			●		●			●				●				●	●		
니트 원단 봉제																							●	●	●				
두 번 말아박기										●				●							●								
무늬 원단 재단						●																	●		●				
주름 잡는 방법		●		●		●							●	●				●											
고무줄 끼울 구멍 만드는 법	●	●	●		●	●	●	●																		●	●		
허리 고무줄 2줄 끼우기	●	●		●	●	●	●	●																					
식서를 이용한 허리 절개				●	●	●	●	●																					
팬츠 안감 붙이는 법				●																									
겉주머니 만드는 법	●			●		●			●	●								●				●	●			●	●		
바닥이 둥근 주머니 만드는 법									●	●	●															●	●		
절개 이용 주머니 만드는 법			●																							●	●		
옆에 숨은주머니 만드는 법														●															
주머니 입구 삼각형 봉제										●	●	●										●	●						
슬릿 만드는 법															●	●					●	●		●					
밑단 슬릿																					●	●							
물방울 트임 만드는 법										●	●																		
커프스 다는 법						●															●								
바이어스 안감 처리										●	●	●										●							
별도 원단으로 안단 대기																													●
안단으로 목둘레 처리													●	●															
바대 절개																		●	●										
고무줄 셔링									●																				
핀 턱 만드는 법													●	●															
칼라·후드 만드는 법																				●	●	●							
가는 앞 트임 만드는 법																				●									
셔츠 소매 만드는 법																				●									
세트인 슬리브 만드는 법															●							●							
울 바인딩 테이프 붙이는 법																						●							
코드 삽입 파이핑 테이프 붙이는 법																						●							
목둘레 바인딩 처리																									●				
리브 원단 맞대어 박기																										●	●	●	
단춧구멍 만드는 법																													●
단추 다는 법													●																●
스프링도트단추 다는 법																						●							
고리 모양 실로 단추 여미기													●																
자석 똑딱단추 다는 법																	●												
감침질										●			●	●									●	●					
바닥 덧댐 원단 봉제																	●												
안감 뒤집기																	●												
걸이 뒤집개(어깨끈)									●																				

소잉 기초용어
색인 & 해설

가

가는 앞 트임
몸판의 앞쪽에 들어가는 트임 부분을 가늘고 긴 별도 원단으로 감싸서 처리한 것.

가르기
다리미로 시접을 양쪽으로 펼쳐 접는 것.

골선
원단을 접었을 때 생기는 접음선 부분. 재단할 때는 원단의 접음선과 패턴의 골선 표시를 맞추는 것이 기본.

감침질
밑단이나 소맷부리를 두 번 접어박거나, 안단의 접음선을 본체 원단에 붙여 박거나, 창구멍을 막을 때 등에 사용하는 손바느질 방법.

기장
등목점(back neck point)에서 밑단까지의 길이.

나

가위집
가위로 시접에 0.2~0.3cm의 작은 가위집을 넣는 것을 '가위집를 낸다'고 표현. 가위집를 넣을 수 없는 부분은 송곳이나 초크펜으로 표시.

다

두 번 접기
원단을 두 번 접어, 원단 끝이 보이지 않게 하여 처리하는 방법. 그중에서 같은 너비로 두 번 접기는 시접을 딱 절반으로 접는 방법. 비치는 원단을 쓸 때 추천.

등목점(BNP)
뒤 중심과 목둘레선이 만나는 점.

마

맞춤점
서로 다른 파트를 맞대어 봉제할 때 어긋나지 않게 하는 표시.

목둘레
몸판의 머리 둘레 라인(칼라를 다는 곳). 네크라인.

몸판
셔츠나 원피스 등의 몸통 부분을 나타내는 부분.

밑위(밑둘레)
팬츠의 허리에서 밑의 교차점까지 라인. 앞의 밑위가 짧고, 뒤의 밑위가 김.

밑아래
팬츠 밑의 교차점에서부터 밑단까지의 라인.

바

겉주머니(out pocket)
몸판이나 팬츠 등의 원단 위에 겹쳐서 다는 주머니.

박스 플리트(맞주름)
주름의 접음선이 좌우대칭으로 이루어진 박스 모양의 플리트(주름).

안단
목둘레나 진동둘레 등 원단의 끝단 처리를 위해 붙이는 별도 원단(겉에서는 보이지 않는 부분). 앞섶의 끝단 가장자리를 처리할 때는 안단 분을 더 길게 해서(밖으로 나오게 재단) 접어내리는 방법도 있음.

부풀리기
주름을 잡을 때와 같은 요령으로 시접을 약간 줄여 잡으며 맞대어 박아 원단을 부풀리는 방법. 주름이나 턱이 잡히지 않도록 주의할 것.

사

소매밑
옆에서 소맷부리까지, 소매 아래쪽을 잇는 라인.

소매산
어깨선과 진동둘레선이 만나는 점.

손톱 다림질
손가락이나 손톱으로 원단을 눌러주어 간단히 접음선을 내거나 시접을 넘기거나 하는 것.

숨은주머니(seam pocket)
몸판이나 스커트의 옆선, 절개의 봉제선을 이용해 만드는 주머니.

슬릿 트임·슬래시 트임
몸판이나 밑단, 소맷부리 등에 가위집을 넣어 만드는 트임.

시침질
봉제가 어긋나지 않도록 먼저 시침실로 손바느질해 임시로 봉제하는 것.

쌈솔
시접의 끝단을 처리하는 방법 중 하나. 시접 한 장을 짧게 자르고, 긴 쪽의 시접으로 짧은 쪽의 시접을 감싸서 스티치.

아

어깨선
옆목점(side neck point)과 소매산을 연결하는 어깨 라인.

여분 내기
어깨나 스커트 등의 단춧구멍에서, 트인 부분이 겹치도록 여분을 둔 부분.

옆목점(SNP)
어깨선과 목둘레선이 만나는 점.

옆선
몸판과 옆밑이 만나는 점에서 밑단까지의 라인.

올 바로잡기
세탁하면 줄어드는 원단의 경우, 원단을 재단하기 전에 미리 물에 담가 가볍게 세탁한 다음 탈수해 덜 마른 상태에서 원단 올을 바로잡아 다림질해두는 것.

원단 올 선
원단의 세로올 방향을 나타내는 선. 패턴의 화살표를 원단의 세로올 방향(식서와 평행)에 맞출 것.

자

직물 원단
면·마·비단(견직물) 등을 소재로, 씨실과 날실을 짜서 만든 원단. 특히 편물로 만든 니트 원단과 구별하여 언급할 경우에 쓰는 표현.

진동둘레
몸판과 소매를 잇는 부분의 라인.

카

커프스
셔츠 등의 소맷부리에 다는 별도 원단. 팬츠 밑단에 붙이는 원단을 '밑단 커프스'라고 함.

코바스티치
시접의 접음선이나 원단 끝에서 0.1~0.2cm 부분에 넣는 재봉 스티치. 끝단 봉제.

타

통솔
시접의 끝단 처리 방법 중 하나로, 안끼리 맞대어 시접 부분을 박고, 겉끼리 맞대도록 다시 접은 다음 완성선을 봉제하는 것. 시접 끝단이 안쪽에 숨겨지는 방법.

하

한쪽으로 접기
시접을 2장 함께 한쪽 방향으로 넘기는 것.

ICHIBAN YOKU WAKARU PATTERN LABEL NO KODOMO-FUKU SAWING LESSON BOOK by Yuuki Katagai(NV70136)
Copyright © Yuuki Katagai 2012 © NIHON VOGUE-SHA 2012
All rights reserved.
First published in Japan in 2012 by Nihon Vogue Co., Ltd.
Photographer: Tetsuya Yamamoto, Yuki Morimura, Kana Watanabe

This Korean edition is published by arrangement with Nihon Vogue Co., Ltd, Tokyo
in care of Tuttle-Mori Agency, Inc., Tokyo through Botong Agency, Seoul.

이 책의 한국어판 저작권은 보통에이전시를 통한 저작권자와의 독점 계약으로 한스미디어가 소유합니다.
신 저작권법에 의해 한국 내에서 보호를 받는 저작물이므로 무단전재와 무단복제를 금합니다.

패턴부터 남다른 우리 아이 옷 만들기

1판 1쇄 발행 | 2013년 6월 28일
1판 6쇄 발행 | 2023년 7월 10일

지은이 가타가이 유키
옮긴이 송혜진
펴낸이 김기옥

실용본부장 박재성
편집 실용2팀 이나리, 장윤선
마케터 이지수
판매 전략 김선주
지원 고광현, 김형식, 임민진

디자인 푸른나무디자인
인쇄·제본 민언프린텍

펴낸곳 한스미디어(한즈미디어(주))
주소 121-839 서울시 마포구 서교동 392-34 강원빌딩 5층
전화 02-707-0337 | **팩스** 02-707-0198 | **홈페이지** www.hansmedia.com
출판신고번호 제 313-2003-227호 | **신고일자** 2003년 6월 25일

ISBN 978-89-5975-541-7 13590

책값은 뒤표지에 있습니다.
잘못 만들어진 책은 구입하신 서점에서 교환해 드립니다.